李樺
向炮口要飯吃
木版　1947

毛主席是世界人民心中的红太阳

　　關於紅太陽的傳說，我小時候也聽老人們講過，他們說紅太陽里有個神叫做毛主席，領導那裡的窮人鬧革命，把很多富人的身高都壓縮了，不服壓縮命令的就地鎮壓，所有窮人都翻身做了主人，大家都身高百米，連毛主席本人也是身高百米，那裡廣大窮人不答應，強烈要求之下，他才答應他的身高每年長一米，掐指算來，毛主席到今天也該有兩千米了吧。

　　……我已經堅信那不是個神話。我將車子發動到最高馬力，開上了通往太陽的星際公路。這條公路從來沒有修完，最後那段路我必須在近太陽的灼熱空間裡自己摸索前進。我開車是現學的，車技糟糕，但我決定已下，我要看一下紅太陽上的人們過著何等幸福的日子，我還要看一下他們互相之間是多麼的平等，最後我一定要央求這位身高有兩千米的超巨人，將地球改造得和他的紅太陽上的一樣好。

　　——七格　《一百米身高的世界》

DEC - - 2013

T(61)

136 年前的人食人

1876 年到 1879 年之間，中華帝國漫長的災荒史上最致命的旱災襲擊了北方的五個省份：山西、河南、山東、直隸和陝西。黃河盆地的乾旱從 1876 年開始逐漸惡化，直到 1877 年幾乎滴雨未下。1878 年底雨水才又恢復，受影響地區 1 億零 8 百萬人口中，大約死亡了 900 萬到 1300 萬人。

——《鐵淚圖》，艾志瑞 著，曹曦 譯，江蘇人民出版社，2011 年版

人死，人食。人食人死。人死成疫。人疫，死人。食疫人，人複死。死喪接踵。

——《四省告災圖啟》，源於《齊豫晉直賑捐征信錄》，1881 年版

《四省告災圖啟》
饑親垂斃　殺女墮刃
《齊豫晉直賑捐征信錄》　1881
兩張稻草床和三位衣衫襤褸的家庭成員擠在一間小屋子裡。一張床上坐著一位老婦人，用手托著她憔悴的面頰，頭髮挽成一個髻。一位虛弱的年輕女孩，在第二張床破陋的蓬帳下休息。她枯瘦的父親拿著一把刀來到她的床邊，但是刀從他手中掉落。
（文字源於《鐵淚圖》，艾志瑞　著，曹曦　譯，江蘇人民出版社，2011 年版）

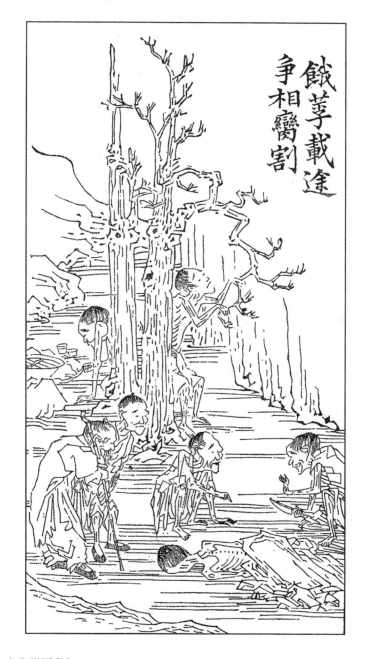

《四省告災圖啟》

餓殍載途　爭相臠割

《齊豫晉直賑捐征信錄》　1881

兩個消瘦的男人拿著刀蹲在屍體旁，準備從上面割肉吃。樹後有饑荒的旁觀者在看，並有些人沖過去加入這場饕餮。人物都是赤足的和衣衫襤褸的，樹被饑餓大眾剝光了樹皮、摘光了葉子，那具屍體基本只剩下了皮和骨頭，臉朝下躺在塵土中。

（文字源於《鐵淚圖》，艾志瑞　著，曹曦　譯，江蘇人民出版社，2011 年版）

《四省告災圖啟》
道路孤兒　黑夜誘殺
《齊豫晉直賑捐征信錄》　1881
一名大人在家裡對一個幼童揮舞著刀，三個被拋棄的孩子在外面道路上蜷縮在一起。不管白天還是黑夜，殺人都和殺豬一樣簡單。孩子哭喊求救，但沒有人回應。他們被殺死，因為人肉比人的生命更有價值。
（文字源於《鐵淚圖》，艾志瑞　著，曹曦　譯，江蘇人民出版社，2011 年版）

《四省告災圖啟》
持錢贖命 已受宰烹
《齊豫晉直賑捐征信錄》 1881
一名男子到了遭災難襲擊的省份，經過一個屠夫的家門口，看到那裡擺出了不同
種類的人肉。看到一位年輕女子將要被烹調，他沖回家拿錢來贖回。但是當他回
到門口的時候，這位女子已經被殺掉了。
（文字源於《鐵淚圖》，艾志瑞 著，曹曦 譯，江蘇人民出版社，2011年版）

作者和出版者不詳
向井岡山進軍
油畫

1927年9月20日,毛澤東在秋收造反失敗後,開始了向井岡山進軍。毛在井岡山創立了中國第一個農村革命根據地。從此,毛開始了他一生的暴烈的革命生涯。整個中國,將在他的紅色恐怖裡整日整夜地呻吟了。

中国共产党万岁

毛主席万岁

中华人民共和国万岁

作者和出版者不詳
大團結舞
宣傳畫
1958 年 1 月，毛澤東為稱霸地球，發動了"三面紅旗"（社會主義總路線、大躍進、人民公社化）運動。這是人類史上迄今為止規模最大的群眾運動。毛以饑餓

為屠殺手段，進行優生學上的篩選。據專家學者研究稱，毛蓄意製造的大饑荒，導致三千六百萬至五千萬平民被餓斃。人食屍、人食活人成為存活者的最后消耗。1959 年 3 月 25 日，毛在上海召開的黨內秘密會議說：「糧食收購不超過三分之一，農民造不了反。……大家吃不飽，大家死，不如死一半，給一半人吃飽。」

作者和出版者不詳
全世界革命人民緊跟偉大領袖毛主席奮勇前進！
油畫

1967 年 8 月，毛為捍衛自己的上帝形象，整肅異己，發動了震驚世界的無產階級
文化大革命運動。整個運動波及遭殃者至少 6 億人。官方稱：420 萬餘人被關押審查，
172.8 萬余人非正常死亡，13.5 萬人被以現行反革命罪判處死刑，武鬥中死亡 23.7
萬餘人，703 萬餘人傷殘，7.12 萬餘個家庭整個被毀。但獨立專家據中國地方縣誌
記載得出數字是：非正常死亡者至少達 773 萬人。

《真相》系列（七十八）

毛澤東的人肉政權

杜斌 編

明鏡出版社

Mao Zedong de Renrou Zhengquan

by

Du, Bin

Published in 2013 by Mirror Books
Copyright by Mirror Books

ISBN 978-1-935981-82-4

Publisher: Pin Ho
Cover by Time Magazine

P. O. Box 795, Dear Park, NY11729-0795, U.S.A.
TEL:(516)338-6976

Web: www.mirrorbooks.com
E-mail: mirrorpublishing@yahoo.com

目 錄

人肉裡面出政權

　　有些人被殺死了，其他一些人被砍了腦袋；人們把那些腦袋挑在槍尖上耀武揚威地四處走動。這種用槍尖挑著人頭的示威遊行，在革命過程中往往是司空見慣的。

　　　　——卡爾·考茨基 《恐怖主義和共產主義》

高虹　彭彬等集體創作
毛主席在文家市
人民美術出版社　1978
1927年9月9日，湘贛邊界，34歲的毛澤東領導的攻打省會城市長沙的秋收造反
受挫。9月19日，毛與千余士兵彙聚文家市，並亮出了中國工農革命軍第一面鐮
刀與鐵錘標誌的血紅旗幟。

3

余成明
毛主席和長沙市泥木工人
大罷工
木版套色 1969
1927 年 12 月，毛澤東為
中國工農革命軍制定了三
大任務：消滅蔣介石政權
以及一切反動勢力；血洗
地主和豪紳來籌集戰爭經
費；劃分階級成份，煽動
階級仇恨，利誘農民參加
武裝暴動，從而建立中共
赤色政權。

將農民組織在農會裡
宣傳畫

吃人肉 吃心肝

1

Stephane Courtois 主編　郭國汀 譯著
《共產主義黑皮書》
天易出版社
2011 年版

1927 年——1928 年，廣東海陸豐農會在共產黨人彭湃領導下，用民主恐怖的群眾大會方式鬥爭殺害了無數地主。

每次鬥爭會總要殺人，剖腹取心、肝、肉，逼迫地主子女吃親人的肉，並由大眾分享。

1931 年，彭湃被國民黨政府逮捕審判處死刑。他是中國武裝農民的第一個共產黨人，但（其殘暴殺人的）觀念則來源於毛澤東 1927 年的《湖南農民運動調查報告》。

打擊地主
宣傳畫

2

陳沅森
《佛懷煽仇錄》
網路電子版
2003 年

農運大王彭湃厲聲疾呼："把反動派和土豪劣紳殺得乾乾淨淨，讓他們的鮮血染紅海港，染紅每一個人的衣裳！"

他效法明末張獻忠發佈"七殺令"，下達每一個蘇維埃代表殺 20 個人的指標。

海陸豐暴動後有一萬數千人被殺，甚至出現復仇者吃人肉、吃心肝的現象。

燒殺之慘烈，令人心驚膽顫。

斬殺匪首

張贛萍

《彈雨餘生述》

臺灣龍文出版社

1993 年版

民國十九年前後，共產黨在我家鄉（江西省萍鄉市）附近立寨作亂的時期，毛澤東與朱德的大名，我是從一句鄉人的反共口頭語中得知的，大家都叫"殺豬（朱）拔毛"……

在他們那一夥人之中，有兩個最兇殘橫霸的湖南人，我記得一個名叫謝國連，另一個的姓名記不清楚了，執行酷刑，都是由他兩人動手；拷審捉去的人，也是由他兩人主持。謝國連還是一個"採花賊"，好強姦鄉村良家婦女；有一個女人反抗他，他把那女人強姦了，扼死了，還用一根木椿釘進那貞烈女人的陰道內，讓其赤身裸體放在路邊上。有關這兩個外地匪徒的暴行罪惡，鄉下人無不談虎色變……

第二次大規模進剿，匪首謝國連被捕，另一個外省匪首也被捕了……"赤衛隊"已經全部肅清。

從各處來投訴的苦主們，有男有女，一致指證謝國連的兇殘暴行；這個說她的丈夫是被他殺死的，或吊死的；那個說他的老婆是被姦殺的，或女兒媳婦，是被他強姦後自殺死了的。

有人要求把他解到有血債的地方，由他們苦主親自割他的肉，砍他的頭！

有人要求將他綁在廣場上，由所有的苦主，將他一口口的咬死！

有人主張將他"五馬分屍"拖死！

有人主張將他"點天燭"燒死！

有人主張以其人之道，還治其人之身；先用木椿釘進他的肛門內，再綁在竹子上，任其吊死。

民眾的憤怒，四鄉的公憤。苦主們的仇恨，彙集在一起！哭聲、罵聲、鬧聲和成一片，使原來想將這兩個罪惡滿盈的匪首，解往縣城去請功邀賞的國軍連長，只好打消原定計劃，答應"就地處決"。

於是，一次前所未見、動魄驚心的殺人場面，在我們村莊內上演。將謝國連與另一名匪首，用五花大綁，插標示眾；一排武裝兵押解著，由號兵吹著"滴打嗒——滴打嗒——滴滴滴"的衝鋒號，配合著百數十人的喊"殺"聲，在幾個附近村莊遊行一周後，分成兩個地方，把兩個作惡多端的匪首頭腦砍下來了！

我因為被家長過阻不准出去觀看，所以只聽到經過我們家門口時的號聲，殺聲，哭聲！歡呼聲！喊叫得心驚肉跳……

那個我不清楚姓名的匪首，一刀斃命之後，也就算了。但是，對兇殘淫暴的謝國連，就是死了之後，曾被他殺夫姦妻的苦主們，也不肯就此放過。他們要看看謝國連的心是什麼樣子？我們在家的人，聽到一再傳來可怕的消息說：

"謝國連的心肝被人挖出來，就在露天炒著吃！"

"謝國連的心肝切成一片片，放進鍋子裡時還在跳！"

"謝國連的生殖器被人割掉了！"

總之，屍體被踐踏得不成樣子，腦袋上被人拋擲的石塊，泥土，及撒上的屎尿，已經面目全非。還有人把他的肉割去，帶回去作為祭品，暴露了兩天一夜，才將那具殘破不全的屍體加以掩埋，其憤恨可見一斑。

一吃就是一百幾十個

閔良臣

《雜文報》（第 1133 期）

1999 年 10 月 19 日

大革命時期，廣西不少地方對所謂 “有問題” 的同志不但打殺，還煮了吃，且一吃就是一百幾十個。

復仇吃人

鄭麒來

《中國古代的食人》

中國社會科學出版社

1994 年版

第二次世界大戰期間，因仇恨而食人，在中國時有所聞。大戰後，國共兩黨隨之爆發內戰。在邊遠的地區，被俘的共產黨士兵照例被殺死食用，以作為國民黨方面對他們的報復。一個美國神父曾談到其親眼所見，一個國民黨軍官將一個共產黨員開膛剖腹，取其心臟吃掉。

"他們將在今夜把那些心吃掉"

Raymond J. de Jaegher & Irene Corbally Kuhn

《The Enemy Within: An Eyewitness Account of The Communist Conquest of China》

Corbally Kuhn New York Doubleday 1952

共產黨首領……令已嚇得面白發抖的教員們叫小孩子唱愛國歌。

同時作手式叫劊子手開刀。劊子手是一個兇狠結實的年青共產黨士兵，膂力很足。

那共產黨士兵來到第一個犧牲者（中共抗日時期處死被誣罪名反共的學生）後面，雙手舉起寬大銳利的大刀快如閃電般的砍下，第一顆頭應聲落地，在地下滾滾轉，鮮血像湧泉般噴出。

孩子們近於歇斯底里的歌聲，變成了不協調雜亂的啼叫聲……

那劊子手像閃電……一刀一個……每次都準確地把鋼刀從頸間兩塊小骨之間砍下，從無一次失手。他頭也不轉地揮動大刀，當砍完最後一個——第十三個人頭時，他把刀扔在地上，頭也不回地揚長而去。

……幾個強壯兇猛的共產黨士兵沖上前去，把死人翻轉過來……每人用尖刀在死人胸前挖一個洞，接著用雙腳或一腳蹬踩，使死者的心從洞中外湧，然後捉住拉出。

他們把十三顆心放在一起，用柔軟的蘆葦穿成一串。

兩個靠近我的觀眾苦笑看著那些離去的共產黨。

"他們把心拿去作什麼？"我問那較年長的一位說。

"他們將在今夜把那些心吃掉，他們相信那樣可以增加力量。"他說完後恨恨地詛咒著走開。

王琦
吃錯了樹葉
木版　1946

羅工柳
在饑餓的邊緣徘徊
木版

烈士紀念證

烈士千古

為解放中國人民
英名永垂不朽

東北民主聯軍遼東軍區司令部政治部

部別	九師廿八團三營机砲連
職別	战士
姓名	于治江
年齡	20
何時何地犧牲	一九四八年二月十四日在黑魚溝上午十二時牲到犧牲。
生平功績	由于彪到在部隊以来他的工作一貫積極勤于很，勇敢不怕犧牲，滿血在巧克四平战平而他為人民牲到犧牲，英名千古流芳。

在遼沈戰役中的四平會戰時犧牲的共產黨士兵于治江的烈士紀念證和生平功績（左頁和右頁）。他是 1948 年 2 月死於這場戰爭的一萬五千名共產黨士兵之一。這場戰役由中共的"常勝將軍"林彪指揮，但在蔣介石的國民黨正規軍的槍彈下潰敗。由此，在裝備和地利均占下風的中共，決定以軍事打擊、政治瓦解、經濟封鎖的無情戰術，對擁有軍民 70 萬人的大城市長春實行長達 5 個月的圍困，導致數十萬平民被餓斃，甚至發生人吃人的慘劇。

平民肉體　攻城利器

　　1948 年是驚天駭地的一年。毛澤東的共產黨軍隊，要把蔣介石在大陸的國民黨軍隊吃光。而平民則是戰爭機器的潤滑劑。

1

　　長春地處中國東北腹地。是交通樞紐。也是戰略要地。長春市民 60 萬人，還有駐紮 10 萬國民黨軍隊。長春軍民 70 萬人，而"市內存糧只能吃到 7 月底"。⁽¹⁾

　　1948 年 5 月 23 日，毛澤東要將長春城圍成"死城"。共產黨軍隊把長春城方圓數十公里圍得水泄不通。斷絕人員和商貿往來。讓饑民消耗存糧。動搖軍心，迫其投降。"不給敵人一粒糧食一根草，把長春蔣匪軍困死在城內！"⁽²⁾ "要將老百姓的饑餓貧困的罪過歸到敵軍及敵政府身上，擴大他們與群眾的矛盾，孤立敵人。"⁽³⁾ "遇到長春市出來的人，必須阻回，不得出來……"⁽⁴⁾

2

　　封城。城內糧價翻 700 倍；國民黨軍隊放平民出城。共產黨軍隊攔截；平民下跪。吊頸自殺。共產黨軍隊以打、罵、捆綁、槍殺的方式驅民回城。

　　但歡迎帶槍出城的人；成千上萬的平民。餓死。在兩軍對峙的空

16

作者不祥
中國共產黨軍隊浩浩蕩蕩威逼長春，進行長期圍困。
解放軍畫報　1962

長春檔案館

長春市民們出城，行走在國共兩方軍隊對峙的空白地帶。後來，向中共投降的東
北"剿總"中將副司令兼第一兵團司令官、長春市黨政軍最高長官鄭洞國，在其
回憶錄中寫道："據說長春解放時，在（國共軍隊對峙的空白地帶的）城東、南郊
一帶掩埋（餓斃）的屍體就有幾萬具。"

訂婚紀念於長春市 37.5.20

長春檔案館

1948 年 5 月 20 日，一位不知姓名的國民黨軍連長與他新娶的第三任夫人的合影紀念照。他的這位夫人年僅 17 歲，還在高中讀書。在遍地餓殍的死城裡，姑娘們以嫁軍官來尋求果腹之道。一名國民黨士兵在給其家人的信中寫道："在兵荒馬亂的東北，只要有高粱米吃，結婚是特別的容易，尤其是學校的女學生，你可以任意選擇，並且她們也無任何選擇，條件是問問你每月的收入和多少高粱米而已。"

白地帶；僥倖被放行的人收到警告：不得傳播城內餓死人的消息。而"十六歲以上青年學生（不論男女）一律送東大集中考查教育（作為擴充的兵員）。"(5)

中共地下情報人員加緊在長春市內的策反和顛覆行動。中共軍隊傷兵缺乏消炎片和盤尼西林，地下情報人員用大煙土（鴉片）從長春市內換取。中共地下情報人員侯諾青在回憶錄中寫道："為解決活動經費，他們（地下情報員）將大煙土裝在陰莖套裡，從其肛門與其妻子陰戶中塞入，幾天幾夜，不能吃東西，待入城後拉出來，變換成鈔票使用，維持生活，繼續堅持地下工作。"(6)

由於饑餓自殺的事件層出不窮。一名楊姓商人把家產當賣吃光後，夫妻倆勒死三個孩子，然後再同時懸樑自盡。(7) "病死、餓死的人愈來愈多。有的人在街上走著走著，突然倒下就死去了。屍首也無人安葬。" "長春街頭經常出現被遺棄的嬰孩……有時每天多達近百名，這如何收容得過來？許多孩子就因此而死掉了。……屍橫遍地，成了一個活生生的人間地獄。"(8)

市民的日子難過。軍隊也好不到哪兒去。國民黨六十軍暫編二十一師一團團長李樹民後來回憶道："城內官兵喝稀粥、吃野菜，長期營養不良，有的牙床出血潰爛，有的患了夜盲症，有的全身或兩腿浮腫。"(9) "路上死（屍）倒（地）疊疊相連……"(10) "漫山遍野的赤血白骨代替了素稱物產豐富區——東北的大豆高粱……"(11)

豬和狗，吃死人。活人再把它們吃掉；平民吃人；熟肉鋪賣人肉。

倖存者沙秀傑說："一個大餅子能領走一個大姑娘。(12)"

倖存者于連潤說：太陽暴曬。屍體腹部鼓脹。爆裂。"白天晚上都響。(13)"

倖存者宋占林說：埋屍的土地肥沃。"都不長草。(14)"

3

1948 年 10 月 21 日。國民黨軍隊投降。城內還剩下 15 萬活人。而"出城逃命的大致有十余萬人"。(15)

中共軍隊殺入長春城。遍地白骨。中共公開稱："這一悲慘事實，是蔣介石屠殺人民罪惡的鐵證！"(16)

圍城 5 個月。餓死平民有多少呢？共產黨稱：12 萬；國民黨稱：

長春檔案館
佔領長春城後，中國共產黨士兵在城市中心廣場吹起凱旋的號角。中共的戰史、軍史和國史均沒有提及餓死數十萬平民的事實。在長春，有一尊紀念碑終年受人祭奠，但不是為那些餓斃者，而是中共為悼念"解放"長春而犧牲的若干個中共的烈士們立下的。

China Celebrates 60 Years, Wordless on Traumas Inflicted in Communists' Rise

By ANDREW JACOBS

CHANGCHUN, China — Unlike in other cities taken by the People's Liberation Army during China's civil war, there were no crowds to greet the victors as they made their triumphant march through the streets of this industrial city in the heart of Manchuria.

Even if relieved to learn that hostilities with Chiang Kai-shek's Nationalist Army had come to an end, most residents — the ones who had not died during the five-month siege — were simply too weak to go outdoors. "We were just lying in bed starving to death," said Zhang Yinghua, now 86, as she recalled the famine that claimed the lives of her brother, her sister and most of her neighbors. "We couldn't even crawl."

In what China's history books hail as one of the war's decisive victories, Mao's troops starved out the formidable Nationalist garrison that occupied Changchun with nary a shot fired. What the official story line does not reveal is that at least 160,000 civilians also died during the siege of the northeastern city, which lasted from June to October of 1948.

The People's Republic of China basked in its 60th anniversary on Thursday with jaw-dropping pageantry, but there were no solemn pauses for the lives lost during the Communist Party's rise to power — not for the estimated tens of millions who died during the civil war, nor the millions of landlords, Nationalist sympathizers and other perceived enemies who were eradicated during Mao's drive to consolidate power.

"Changchun was like Hiroshima," wrote Zhang Zhenglu, a lieutenant colonel in the People's Liberation Army who documented the siege in "White Snow, Red Blood," a book that was immediately banned after publication in 1989. "The casualties were about the same. Hiroshima took nine seconds; Changchun took five months."

The 40,000 who survived did so by eating insects, leather belts and, in some cases, the bodies that littered the streets. By the time Communist troops took over the city, every leaf and blade of grass had been consumed during the final desperate months.

There are no monuments or markers recalling the events that decimated Changchun's population. Most young people have no knowledge of the darker aspects of the siege, and its survivors, now in their 70s and 80s, are reluctant to give voice to long-buried trauma. "I've always heard that Changchun was captured without bloodshed," Li Jiaqi, a 17-year-old high school student, said as she sat on the steps in front of the city's Liberation Memorial.

Chinese scholars have largely steered clear of the subject. Several historians, when asked about the episode, declined to be interviewed. Zhou Jiewen, a retired nuclear physicist in Changchun who has become a self-taught expert on the siege, explained that many key de-

Li Bibo contributed research.

tails, if widely disseminated, would tarnish the army's reputation as defenders of the common man. Those include shooting civilians who tried to escape the city and ignoring the pleas of mothers holding aloft starving children on the other side of the barbed-wire barricades. "To cause so many civilians to die was a great blunder by the P.L.A. and tragedy unparalleled in the civil war," Mr. Zhou said.

While history is often written by the victors, the Communist Party has never been shy about shaping the past to serve its central narrative. Textbooks portray the revolution as the inevitable outcome of a popular uprising; the patriotic films that have flooded television in recent months are not subtle in their glorification of Mao's troops as munificent liberators. The unpleasant aspects of the revolution, including innocents caught in the cross-fire, are often omitted.

"The party has no use for objective history," said Bao Pu, a Hong Kong publisher who infuriated party leaders last spring by printing the memoir of Zhao Ziyang, the deposed Communist Party leader who spent 15 years under house arrest after opposing the violent crackdown on democracy protesters in 1989. "The basic idea is that history can be rewritten and used as a tool of the state. But this requires constant censorship. And it has a destructive effect on soci-

ety."

Other unintended consequences of suppressing the truth are hard to quantify. Many Chinese, especially those who grew up during the tumultuous decades of war, famine and political persecution, carry psychic wounds that are seldom expressed, let alone healed.

Lung Ying-tai, a University of Hong Kong professor who studied the siege of Changchun, said nearly every elderly

---

History books hail a civil war victory, but survivors recall eating belts and bugs during a siege.

---

army officer she interviewed for her book about the civil war, "Big River, Big Sea — Untold Stories of 1949," broke down when recounting what he experienced. "It's an unspeakable national trauma that has not once been opened up and gently treated for 60 years," she said.

The book, which was published last month in Taiwan and promptly banned on the mainland, seeks to portray the horror of the civil war through the

stories of those who survived. "There are not too many left who can clearly remember," she said.

The elderly survivors who gather in Changchun's Labor Park most days are not eager to tell their tales. But after some prompting, the details spill out. They describe babies too weak to cry, brides sold for a morsel of food and the milewide no man's land where thousands perished in full view of troops under orders from Gen. Lin Biao to turn Changchun into a "dead city."

In the first few months of the siege, food could be purchased, albeit at exorbitant prices. By the end of the summer, people were trading thick gold rings for a biscuit.

"At first we ate rotten sorghum, then corncobs and then the bark off the trees," said Meng Qinghua, 85. "After a week of not eating you'd get very sleepy. Once that happened, you would start to die."

The few airdrops of aid, delivered by American planes, were quickly gobbled up by Nationalist troops. When those stopped, the soldiers stole food from civilians at gunpoint. In the poorer quarters of the city, according to "White Snow, Red Blood," 9 of 10 families were wiped out.

Although her family was relatively well off, Zhang Yinghua said there was nothing to be bought by the end of sum-

mer. They opened their pillows and consumed the corn husk filling. Later they boiled and ate leather.

Then 25, Ms. Zhang understood that swallowing such unpalatable matter was the only way to survive. "Every day we would eat a spoonful, just enough to maintain the flicker of life, but the children would not," she said. When her 6-year-old sister and her 9-year-old brother finally died, her parents, barely able to stand, dragged their bodies to the street.

Some of those charged with enforcing the blockade have come to regret their participation. Wang Junru said he was 15 when the Communists forced him to join a militia for teenagers. Later, he joined 170,000 other soldiers ordered to drive back hungry civilians. "We were told they were the enemy and they had to die," he said.

Whatever zeal he had for the revolution was extinguished by the 23 years he spent in a labor camp — punishment, he said, for insulting the relative of a party official when he was a college student. After his release, he spent the rest of his working life hauling logs.

Now 76 and embittered, he said young people should learn about what happened in Changchun — and during the rest of the civil war. "They only know the propaganda," he said. "Maybe if they know how horrible war is, they can try to avoid it in the future."

At least 160,000 civilians died in the Communist siege of Changchun in 1948. Many starved. Meng Qinghua, top left, said he ate corncobs and bark to survive the famine, which Zhang Yinghua, right, said killed her siblings and neighbors. As a soldier, Wang Junru, left, had to drive back hungry civilians.

PHOTOGRAPHS BY SHIHO FUKADA FOR THE NEW YORK TIMES

2009 年 10 月 2 日，中共奪政 60 周年。美國《紐約時報》報導長春困城後的倖存者。中共從未向被它的圍困戰術而餓斃的數十萬亡靈悔罪。

15 萬；在長春城被俘的國民黨將領稱：60 萬。

56 年後，中共軍隊作家張正隆，在他的著作《雪白血紅》中寫道："長春和廣島，死亡人數大致相等。廣島用九秒鐘，長春是五個月。"

真實的死亡數字已永不可考了。只有一點中共似乎沒有否認，那就是在學校讀書的孩子的數字：長春市中學兩年前有學生五千人，現在剩一千人；小學生從三萬五千人減少到四千四百人。"這即是蔣匪戰爭的罪惡。"[17]

一名倖存的平民說："中國人怎麼也不把咱老百姓當人呢？"[18]

1948 年 11 月 3 日。中共中央發出賀電："熱烈慶祝……全殲守敵……希望你們繼續努力……"[19]

中共歷史記載：解放長春，兵不血刃。"長春的解放不但加速了東北的全部解放，而且給所有據守大城市的國民黨軍隊指出了一個前途。"[20]

中共軍隊進入長春城。立即實行軍事戒嚴，突擊掩埋餓斃的市民遺體。禁止外人入城的理由："前從長春出來之難民，因市內缺糧等，勸其暫緩回去，侯政府正式通知有組織的返回。"[21]

救濟糧不是白吃的。糧食到還喘氣的市民嘴之前，饑民還要被中共的救濟辦法進行驗收：一要看其臉色是否皮包骨；二是要主動"控訴國民黨殺民養軍的罪惡"。[22]

中共稱："……只有中國共產黨，只有毛主席，才能真正為人民謀福利，人民也只有跟著毛主席走，才能免除凍餒之虞。"[23]

注：
（1）《長春檔案史料（內部發行）》，長春市檔案館，1998 年 9 月，紀念長春解放五十周年專輯，第 38 頁
（2）《在圍城政工會上關於圍困封鎖長春的政治工作報告提綱》，肖華，1948 年 6 月 29 日
（3）《在圍城政工會上關於圍困封鎖長春的政治工作報告提綱》，肖華，1948 年 6 月 29 日
（4）《長春檔案史料（內部發行）》，長春市檔案館，1998 年 9 月，紀念長春解放五十周年專輯，第 61 頁
（5）《長春檔案史料（內部發行）》，長春市檔案館，1998 年 9 月，紀念長春解放五十周年專輯，第 67 頁

（6）《長春檔案史料（內部發行）》，長春市檔案館，1998 年 9 月，紀念長春解放五十周年專輯，第 58 頁

（7）《長春檔案史料（內部發行）》，長春市檔案館，1998 年 9 月，紀念長春解放五十周年專輯，第 107 頁

（8）《長春檔案史料（內部發行）》，長春市檔案館，1998 年 9 月，紀念長春解放五十周年專輯，第 38 頁

（9）《長春文史資料（內部發行）》，1987 年第三、四輯，長春市政協文史委員會編，紀念長春解放四十周年專輯，第 230 頁

（10）《1948 長春兵臨城下的家書》，韶光致哈爾濱純謹，第 226 頁

（11）《1948 長春兵臨城下的家書》，楊廷彥致雲南開遠縣母親及三娘，第 99 頁

（12）《親歷者憶長春解放：一個大餅能領走一個大姑娘》，文 劉昕，羊城晚報，2009 年 2 月 16 日

（13）（14）《雪白血紅》，著 張正隆，四川文藝出版社，2004 年 4 月版

（15）《長春檔案史料（內部發行）》，長春市檔案館，1998 年 9 月，紀念長春解放五十周年專輯，第 59 頁

（16）《解放長春》，長春檔案館編，中國檔案出版社，2009 年版，第 187 頁

（17）《解放長春》，長春檔案館編，中國檔案出版社，2009 年版，第 111 頁

（18）《雪白血紅》，著 張正隆，四川文藝出版社，2004 年 4 月版

（19）《大江大海》，著 龍應台，香港天地圖書公司，2009 年 9 月版

（20）《長春文史資料（內部發行）》，1987 年第三、四輯，長春市政協文史委員會編，紀念長春解放四十周年專輯，第 283 頁

（21）《解放長春》，長春檔案館編，中國檔案出版社，2009 年版，第 111 頁

（22）《長春檔案史料（內部發行）》，長春市檔案館，1998 年 9 月，紀念長春解放五十周年專輯，第 84 頁

（23）《解放長春》，長春檔案館編，中國檔案出版社，2009 年版，第 187 頁

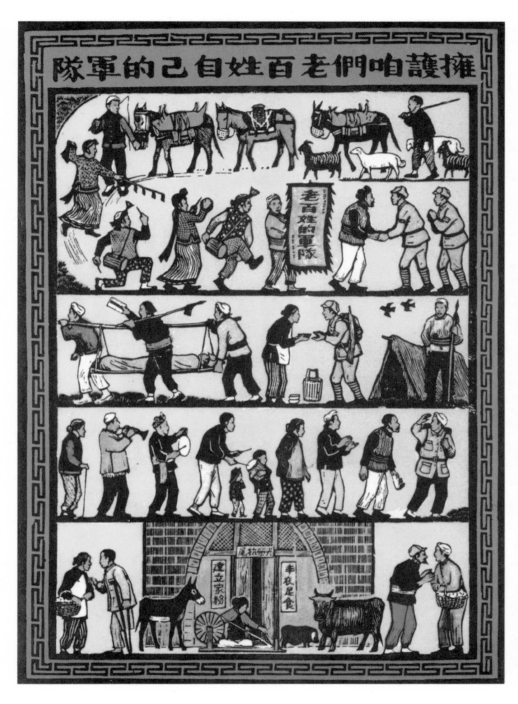

擁護咱們老百姓自己的軍隊

古元
擁護咱們老百姓自己的軍隊
木刻　1944

被圍的國民黨軍人吃人

葛紅國　裴志海
《1949 解放》
江蘇文藝出版社
2009 年版

解放軍陣地上的炊煙慢慢地熄滅了，香噴噴的饅頭蒸熟了，流著油的包子也熟了，為了慶祝元旦，炊事人員甚至弄出了更多的花樣，把四菜一湯也送到掩體塹壕裡了。解放軍正在吃著，文工團的演員們來了，他們一大早就以小分隊的形式，帶著簡易的樂器，分散在各個陣地上進行演出了。他們走到哪裡，哪裡就是一片歡聲，一片笑語。而就在幾十米外的國民黨軍的陣地上，呈現的卻是另一番場景，那是一種死寂灰涼的色調。

二十多萬的國民黨軍已經身處絕境，缺吃少穿，騎兵變成了步兵，馬匹早就被殺掉吃光了。為了取暖、做飯，陳官莊能燒的都燒光了，連棺材也被挖出來當柴燒了，即使有點大米豬肉，也無法燒熟。

官兵露宿野地、水溝邊、土坎下，一夜之間，孫元良的第十六兵團第一二二師就凍死餓死三百餘人。野地和溝裡到處都是死屍。1949年元旦這天是個晴天，南京的飛機飛到陳官莊的上空空投，物品剛飄下來，部隊和家屬都蜂擁搶奪，有被物品壓死的，有相互對打的，甚至還有開冷槍射擊的。

在解放後由中國人民解放軍總政治部編輯出版的《星火燎原》叢書中，有當年親歷淮海戰役的老兵回憶，在陳官莊的國民黨軍甚至出現了人吃人的慘景。

在 1949 年的元旦，最可憐的要數那些從徐州盲目跟隨國民黨軍出逃的女學生和其他婦女們了，在要快活活餓死的情況下，只要有點吃的，個人尊嚴完全被拋到了一邊，被迫做了"臨時太太"。

在不足二十裡的陳官莊地區的冰天雪地上，一張張降落傘張開做為帳篷，遠遠望去，就像一朵朵毒菌長在冰雪之中，裡面就是國民黨軍官和他們的"臨時太太"得過且過地等著死亡的來臨。

就在這天晚上，被圍的國民黨軍王牌軍之一的第五軍一三三團十幾名新兵想乘夜黑逃跑，被團長姜鐵志發現後抓起來全部活埋了。九天之後，這一切都消失得無影無蹤，解放軍攻佔陳官莊，歷時六十六天的淮海戰役結束，國民黨軍隊 55.5 萬餘人被殲，人民解放軍傷亡 13.4 萬餘人。

……回顧共產黨人走過的道路，從它成立那一天到 1949 年元旦，身後是一路的鮮血和炸彈，死亡與痛苦一直追隨著這批用特殊材料做成的人。

作者不祥

1948 年 11 月 2 日，中國共產黨軍隊舉行盛大遊行，歡慶佔領全東北的偉大勝利。
中共在以三年的人海戰術打敗了蔣介石的國民黨軍隊後，公開宣稱："中國人民解
放戰爭的偉大勝利……是翻天覆地的勝利……新中國的光輝，將從此照耀於世界。"
解放軍畫報　1962

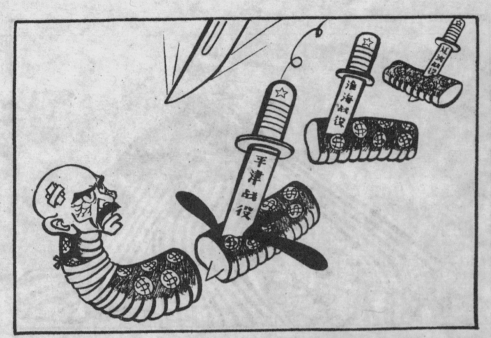

52　偉大的毛主席和中国共产党领导解放区人民粉碎了蒋匪军的进攻。一九四七年七月，人民解放军展开了全国规模的大反攻。一九四八年冬到一九四九年初，解放军先后发动了辽沈、淮海、平津三大战役，打得蒋介石一败涂地。

劉旭　李春　曹光　趙敏　王冠　徐思
《人民公敵蔣介石》
遼寧美術出版社　1962

李梓盛
戰鬥舞
木刻 1948

張漾兮
咱們自己的隊伍來了
木刻 1949

Jack Wilkes

1945 年 8 月，毛澤東在重慶。此時的毛澤東信心滿滿。他是在抗日勝利後應蔣介石之邀到重慶談判。這是毛第一次得以共產黨最高領袖的身份與蔣介石平起平坐。

不要戰爭，要和平！
宣傳畫

槍桿子裡面出政權
宣傳畫 1968

袁慶祿
沒有共產黨就沒有新中國
木版套色　1976

挖人肝下酒

原中共國防部長秦基偉部一名軍官　口述　野夫　記錄
《"我們是這樣對待中國戰俘的"系列之一：人肝下酒》
博訊網

2002年

50年代初，我才15歲，參加了解放軍第十五軍四十四師一四二團文藝宣傳隊，部隊駐紮在今天四川的古藺縣城剿匪，我們文藝兵只搞宣傳，不參加戰鬥。

由於我的歌唱得好，又是男隊員，不是首長的配對目標，因此常到基層連隊教戰士唱歌。

有一次團裡派我和另外三個隊員去三營演出，部隊在個叫什麼堡的地方，來到三營駐地時已經是快中午了，營長和指導員用雞蛋湯泡大米飯來招待我們，這在當時可是難得的佳餚，我卻匆匆扒了兩口就往外跑，我還惦記著張連長的黃驃馬呢！

上次張連長騎著它去縣城開會，引來好多人圍觀，同聲叫好，這匹馬有一人高，渾身上下的毛色像緞子般閃亮，張連長看得比命還貴。上次讓我摸摸，並答應下三營演出時借給我騎一圈。我一溜小跑來到機炮連（重機槍連）時，正碰上一班戰士押著一個小俘虜去槍斃，這傢伙比我大幾歲，戴副眼鏡，白白淨淨的面孔，一看就知道是國民黨的青年軍，當他看見我時仿佛楞了一下，眼神有點怪怪的。

我當時沒多想就閃身過去，殺人的場面太普遍了，那時候國民黨兵敗如山倒，大批的降兵讓押運的部隊疲於奔命，上面乾脆下令：除了團、營一級的俘虜軍官留下審訊，其他俘虜由連一級指揮員自行處置，先開始還吸收部份降兵入伍，後來後勤供應緊張，各連隊都把俘虜分批次處理掉，最常用的辦法就是乘夜晚分批押到河邊、山邊用刺刀捅死，用他們自己挖的坑埋掉。由於每天都要殺一到兩批人，讓我們這些愛看熱鬧的兵娃子也覺得厭煩了，我現在只想騎馬。

剛進連部（其實該叫營部，因為當時的三營下轄三個營，每個營都稱作連），就被張連長舉了起來，這個河北壯漢足有一米八以上的塊頭，嗓門宏亮，自稱平生兩大愛好：酒，好馬。團裡大家都叫他張和尚。

張和尚一見我就問"小鬼，吃飯了嗎？"

"吃啦，還有雞蛋"，我故意饞他。

"在我這吃，有肉，同意就帶你去騎馬！"

有肉？騎馬？只有白癡才會不答應！我想都沒想就跟著他往馬廄跑。

等我們騎馬回來，炊事班的范班長已經在等我們了，桌上擺了三雙箸子，三個酒杯，還有一大盤炒得黑糊糊的肉，張和尚說："吃肝子，不喝酒會鬧病，不喝酒不許吃肉"！這黑糊糊的肝片，軟塌塌、腥呼呼的，不喝酒簡直無法下嚥，我勉強吃了幾箸便吃不下了。看著我的難受樣，張和尚樂得哈哈大笑……

晚上演出結束後，同隊的好朋友何某悄悄拉我出去問："聽說你到張和尚那裡吃肉去啦？"

我一愣："你怎麼知道？"

"誰不知道啊？又吃人肝又喝酒……"

"什麼人肝？"我嚇了一跳。

"嗨，張和尚每次殺人都挖人肝下酒，你裝什麼傻？"聽他這麼一說，再想到下午幾個女兵躲著我的怪事，頓時覺得一般甜腥從喉頭噴湧而出，胃裡翻江倒海，我吐了一天一夜。

陳飛南
毛主席朱總司令閱兵圖
宣傳畫　1950

皖南暨蕪湖市各界人民慶祝國慶日籌備委員會
開國紀念
宣傳畫 1950

主席領導建設新中國

楊俊生
主席領導建設新中國
宣傳畫 1950

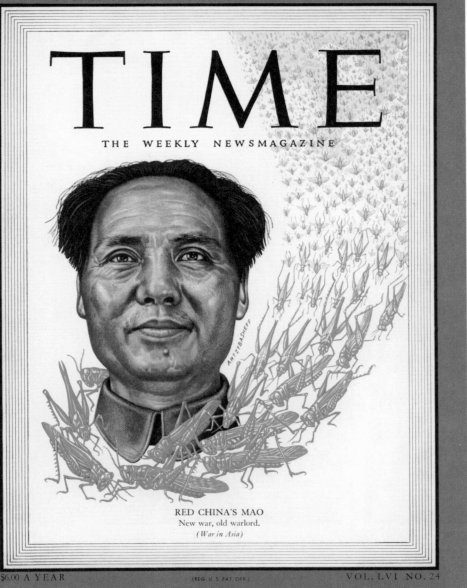

TIME

THE WEEKLY NEWSMAGAZINE

ARTZYBASHEFF

RED CHINA'S MAO
New war, old warlord.
(War in Asia)

$6.00 A YEAR   (REG. U. S. PAT. OFF.)   VOL. LVI NO. 24

洞察世事的美國《時代》雜誌，在 1950 年 12 月 11 日，將毛澤東作為封面。這是一幅看透了毛血跡斑斑的暴力本質且意味深長的圖像。《時代》雜誌稱："四年前，毛還趴在中國西北延安荒野的窰洞裡。上周，他則居住在北京宮殿裡，通過其能幹、精明的代表，在成功湖蔑視與譴責聯合國，他的軍隊正給予世界上最強大的國家（美國）以軍事史上最沉重的打擊（中共所謂的"抗美援朝"）。歐洲那些傲慢的老派大臣們，念叨著他的名字，因他的力量而焦慮不安。對他已經揮出的一擊，對隨後將出現的世界革命及分化狀況，華盛頓也感到困惑不解。"

茹遂初

1951 年，土地改革期間，青海省民和縣一位農民在群眾大會上控訴地主的罪惡。
中共在為期三年 (1951 年 5 月至 1953 年 2 月) 的土地改革中，從肉體上至少滅絕
了 200 萬名擁有耕地和財富的地主們。

活體解剖與人肉包子

1

狗不理鳥人
《靜樂縣的土地改革運動》
網路電子版
2009 年版

（1951 年，）在我們（陝西省靜樂縣）當地土改時，有兩個地方在處死人的時候，使用了活體解剖。

聽人說，有一次進行活體解剖，是由部隊醫院的醫生進行的，跟前還有不少實習人員。因為被解剖的人還處於清醒狀態，可能沒有給上蒙汗藥，當主刀的解剖者從被解剖的人的身上的某個部位割下一塊肉時，還要專門拿給被解剖人的讓他看，並問他說這塊肉是誰的肉，是從哪裡割下來的。這與中國歷史上曾經有過的凌遲幾乎沒有什麼兩樣。

解剖完以後，還將被解剖的人大腿上的肉割下來，當天就做成人肉包子，讓其家屬吃。當家屬吃了以後，有人還問家屬好吃不好吃，家屬說好吃，這人然後再告訴他說，這是用今天剛解剖了的你的某某親屬的大腿肉包的。

2

黃粹涵　編
《中國食人史料鈔》
無出版社
2004 年版

十、土改時，挖吃陶順林之心工作人員，純屬錯殺。陶有兩子，其一現在（湖南省）寧鄉某中學工作。 ——老同學周世升口述 1998 年 8 月

十一、土改時，銅官有區長吃人心肝。

深挖洞　廣積糧　不稱霸
宣傳畫

毛的第三次世界大戰

1

張成覺

《中共限級文獻爆：毛澤東策劃讓中國死四億人》

大紀元

2012 年 6 月 4 日

毛澤東關於第三次世界大戰的這幾次講話均集中在 1955 年，其時代背景是"抗美援朝勝利"後，赫魯曉夫公開批判斯大林之前。講話可能有三至四次之多。概括起來其主要內容是

1）世界大戰並不可怕。第一次世界大戰打出來一個社會主義國家蘇聯，第二次世界大戰打出來一個社會主義陣營。第三次世界大戰如果爆發，就可以實現世界大同。

2）第三次世界大戰應該早打，大打，打核戰爭，在中國打。

3）第三次世界大戰如果爆發，我建議蘇聯假裝坐觀，由我來帶領中國人民把美國軍隊吸引到中國戰場，我們同美國軍隊打常規戰。戰爭擴大滾雪球，然後我們假裝敗退，逐步把美國軍隊引入中國內地，使美國軍隊陷入人民戰爭的汪洋大海中，從而迫使美國向中國戰場投入主力軍隊。當美國將主力軍隊投入中國戰場後，請蘇聯向中國戰場突然投射原子彈，將美國主力軍隊一舉殲滅在中國的戰場上。

4）這樣的一場世界大戰，中國可能會死掉四億人口。但是中國用三分之二人口的犧牲，卻換來一個大同的世界還是值得的（當時中國的統計人口是六億）。

5）死掉四億人，還剩兩億人，用不了多少年，中國就又可以恢復到六億人口了。

2

毛澤東

《在莫斯科共產黨和工人黨代表大會上的講話》

1957 年 11 月 14 日

想發動戰爭的瘋子，他們可能把原子彈、氫彈到處摔。他們摔，我們也摔，這就打得一塌糊塗，這就要損失人……如果真正爆發戰爭要死多少人？全世界 27 億人口，可能損失三分之一；再多一點，可能損失一半……

我和一位外國政治家辯論過這個問題。他認為如果打原子戰爭，人會死絕的。我說，極而言之，死掉一半人，還有一半人，帝國主義打平了，全世界社會主義化了，再過多少年，又會有 27 億，一定還會多。

躍進躍得吃人肉

中華人民共和國之人口，因目前資源缺乏，非減少一億，決不能支持，其詳細辦法，由中華人民共和國自行定之。

——《中蘇友好同盟特別協定》（絕密）　1950 年 2 月 14 日

楊俊生

鼓足幹勁　力爭上游

水粉　1950 年代

1958 年 5 月，中共第八次全國代表大會會議根據毛澤東的創意，通過了“鼓足幹勁，力爭上游，多快好省地建設社會主義”的社會主義建設總路線。這條總路線的基本點是：調動一切積極因素，正確處理人民內部矛盾；鞏固和發展社會主義的全民所有制和集體所有制，鞏固無產階級專政和無產階級的國際團結，在繼續完成經濟戰線、政治戰線和思想戰線上的社會主義革命的同時，逐步實現技術革命和文化革命；在重工業優先發展的條件下，工業和農業同時並舉；在集中領導、全面規劃、分工協作的條件下，中央工業和地方工業同時並舉，大型企業和中小型企業同時並舉，通過這些儘快把我國建設成一個具有現代化工業、現代化農業和現代化科學文化的偉大的社會主義國家。

作者不祥
在廣大農民的熱烈要求下，各地農村都先後成立了人民公社，這是慶祝人民公社
成立大會的盛況。
解放軍畫報　1963

孫祖華
社裡白薯長的大，
人人見了笑哈哈。
要問白薯多麼大，
火車才能拉動它。
拉著白薯進北京，
獻給領袖毛澤東。
《漫畫》半月刊　1959 年 1 月 23 日

蔣朝玲
大麥穗 大玉米 送到北京去見毛主席
江蘇新沂紅旗人民公社 1958

作者和出版者不詳
快馬加鞭，不到十五年，就要超過英國

乘卫星，驾火箭，生产跃进象闪电，五年计划一年完，一年跃进顶五年

作者和出版者不詳
乘衛星，駕火箭，生產躍進像閃電，五年計劃一年完，一年躍進頂五年

救命

晏樂斌

《貴州的大饑荒》
炎黃春秋
2012 年第 5 期

1959 年至 1979 年我在貴州省公安廳工作。據我的同事——一位在貴州省公安廳治安處做內勤、統計工作的同志提供的情況：根據全省各專署、自治州公安處、局治安科上報的數字匯總，全省 1959 年至 1961 年共餓死二百五十多萬人，占全省災前總人口的 14.7%。這是官方的統計數字，儘管各地、州、市、縣上報時縮了水，但這是當時唯一信得過的資料。

……後來得知省委上報中央時，只報了二百一十萬人，瞞報了四十多萬人，省委讓公安廳也以這個數上報公安部。

……

湄潭縣原由湄潭、鳳岡、綏陽三縣合併而成，這裡地勢平坦，山清水秀，是貴州的產糧區，也是富庶的縣份……據縣委辦公室負責人介紹，1958 年全縣有六十二萬多人，1959 年至 1960 年 5 月，除去正常死亡一萬多人外，屬於非正常死亡的有十二萬五千人，占全縣總人口的 20.16%，還剩四十九萬人，全縣死絕戶三千零一戶，孤兒近五千人，外出逃荒五千多人，全縣出現了人吃人，殺人而食，易子而食的慘劇，吃死人就更多了。

　　……

　　1960 年 12 月至 1961 年 5 月，我隨劉世傑同志到六盤水地區的水城縣參加整風整社工作……1961 年 3 月 12 日工作隊全部撤離該社（尖山壩公社）。

　　我與另外兩位同志留下來作鞏固工作，直到 3 月 20 日我們三人經由縣城到該縣南開公社繼續參加該縣的整風整社工作。我們三人在去南開公社的途中，翻越了一座高山，坐下來休息時，便到路邊一社員家討水喝，發現一位四十來歲的婦女正在她家堂屋用菜刀砍一具小孩的屍體，這個小孩屍體的手腳被肢解，頭部已砍下放在一邊，屍體發出腥臭，我們詢問她為什麼殺孩子，她回答："不，不，不，不是我殺的，是孩子今天早上餓死的，全家人餓飯，沒有辦法，為了救命，不得不拿來吃啊！"又說："哪個人狠心吃自己的孩子啊！"

　　經她這一說，我們也無心討水喝了，立刻退了出來。第二天我們趕到南開公社工作隊所在地，將這一情況向工作隊作了報告，工作隊隊部的同志說，全社吃死人的情況還有幾起，後來經過工作隊搜集瞭解，從 1959 年至 1961 年 5 月我們撤離，該社餓死幾千人，全水城縣餓死八萬多人。

古元
一畝小麥的奇跡
木版　1958

黃永玉
在十萬斤一畝的稻田上跳舞
木版　1958

《小號兵（革命兒歌集）》
人民美術出版社　1974

丰 收

新麦子，喷喷香，
粒大籽饱金黄黄，
千车载，万车装，
社员送粮喜洋洋，
送到粮站仓库里，
要为国家广积粮。

"鍋裡煮的啥這麼香？"

潘永修
《三年困難紀事》
中國工人出版社
2009 年版

（山東省鄆城縣）大樊莊位於城東七、八裡路，屬戴老人公社管轄。戴老人公社 1958 年"五風"刮得最厲害，因此後來餓死人也最多。這是全縣人所共知的。本來，在 60 年春天，就聽到大人們議論大樊莊吃小孩的事。那時候，我還年少無知，只是感到駭怕，並沒意識到什麼。

後來，1971 年我參加工作以後，我所在的單位鄆城縣土產公司有個叫樊祥生的，他是公司的業務經理，他的家鄉就是城東大樊莊。平時茶餘飯後，他曾多次提到發生在他們村上的那件事：一個中年婦女把自己的孩子煮了吃了。但也就是說說而已，並沒有認真對待。

1981 年，我調到文化館從事文學創作。84 年，新調來一位副館長叫王彩銀，他的愛人叫李作帥，剛從縣人武部退休，我們是近鄉。他對這事講得較為詳細：1960 年，他在縣委宣傳科。那年冬天，戴老人公社黨委書記王雲亭（梁山縣虎台廟人）和社長宋廷詩（現住鄆城館前十一巷）報上來一個案子：他們所轄的大樊莊有人煮小孩吃。那時候，縣委沒遇到過這樣的事情，拿不出意見來，只好報告給駐縣的山東省

62

工作隊。

省工作隊立即派了幾個人下去，經過調查瞭解，確有其事。這女人有三個兒子，其中最小的三兒子餓死了，她不是扔掉，而是煮熟了以充饑。這女人不瘋不癲不魔，看上去精神正常，就是因為肚裡餓極了，才做出這樣的事。這件事雖然令人震驚，但由於煮的是已死去的孩子，況且是她自己的，因此就不好定判什麼罪。省工作隊也拿不出處理意見。後來，就不了了之。

因為我是搞文學創作的，所以就把這事記下來，並且專門訪問了宋廷詩，得到證實。又騎車到大樊莊實地採訪了一次，村上人說，這事是真的，但因為名聲不好，說起來都是含糊其辭，甚至不敢說出真實姓名，更說不出具體細節。

直到兩年前，我的岳父大人去世，安葬在城東逸安園公墓（墓地所占土地都是大樊莊的）。立碑那天，天氣很冷，看守逸安園的老人樊作運把我領進接待室，一邊圍著火爐取暖，一邊聊天，無意中才得到詳細情況：樊作運正是大樊莊人。1960 年，他任大隊團支書，那個煮孩子的事情恰好是他首先發現的。他說：那天大隊委員們都在大隊部裡開會，一直開到深夜才散會。他從屋裡出來，就聞到一股奇異的香味。

那時候，家家都揭不開鍋，哪裡還會有肉香？他感到奇怪，就順著香味飄來的方向尋找，找來找去，就找到了第六生產隊的樊兆祥家。那時候，樊兆祥已經逃難去了新疆，只有兆祥家老婆在家裡。

喊了半天門，兆祥家才來開門。樊作運問她：鍋裡煮的啥這麼香？兆祥家低頭不語。作運就直接到廚房裡察看，屋裡點著煤油燈，鍋裡還冒著熱氣。作運把鍋蓋掀開，就看見一個蜷曲著的小孩，鍋臺上還放著扒下來的小衣裳。

那時，他完全驚呆了，覺得心驚膽戰，還一陣陣噁心。他怒不可遏，問她為啥煮孩子？那女人說：那是她的小三兒，下午餓死的，她已有兩三天沒飯吃了，家裡已沒有任何可吃的東西，肚裡餓極，就想把小三煮了吃。大隊班子立即將這事報給公社，公社又報到縣裡。整個過程就是這樣。

後來，這事傳開了，樊兆祥家遭到人人唾罵，在家裡待不下去，就全家遷到新疆去了，至今未回。

佚名
毛主席像
木版

要不是餓的人吃人，誰往外逃荒

肖磊

《我所知道的"特殊案件"》

炎黃春秋

2010 年第 7 期

史料記載，各朝各代都有過災荒，有過餓死人，也有人相食。但如三年災害期間餓死人之多，其規模波及全國，人相食事件之驚人，都是絕無僅有的。

三年災害期間，筆者工作在山東。據吳玉林主編的《中國人口》山東分冊記載：1959 年至 1961 年山東非正常死亡 319.9 萬人。人相食事件雖無全省數字，但從部分案例中，說明全省各地，特別是災害重點縣，均發生過人相食事件。

1960 年春，山東日照縣檢察長發現本縣和相鄰的莒縣，不但大批餓死人，且發生人吃人。為了情況可靠，他還親自到事發地點作了核對。經初步核實，日照縣一個生產大隊發生人吃人三起，吃掉屍體五具。莒縣的三個生產大隊均發生人相食的事件。他將情況轉告莒縣領導部門。因事關政治影響，未敢向本縣領導人彙報，沒過幾天，又相繼發現人吃人事件。這時他想起在省檢察院任檢察長的本縣同鄉陳雷。陳是 1926 年入黨的中共老黨員，向他反映，一定會得到重視。這位縣

作者和出版者不詳
1958 年，河北省徐水縣一個人民公社的社員在公共食堂吃飯。

檢察長急急忙忙到省檢察院向陳雷彙報了人吃人的情況。陳雷聽了甚為震驚，認為如此嚴重的問題，應立即報告省委主要負責人。

此時省委主要負責人在北京開會，住北京飯店。陳送走了日照縣檢察長，連夜乘火車趕到北京飯店，向省委主要負責人彙報了日照縣人相食的情況。陳雷滿以為會得到省委主要負責人的重視，但出乎陳的意料，主要負責人態度冷漠，且不耐煩地問陳："你談的這些情況是聽說的呢？還是親眼看見的呢？"陳雷從問話的口氣裡聽出省委主要負責人忌諱聽餓死人、人吃人的事件，涉及嚴重災情、繼續餓死人的情況，陳未敢往下彙報，只好悻悻而返。

據筆者當時得知，有許多幹部向省委彙報餓死人、人相食的情況，都被以"聽信傳言"頂回去，並告知全省各地"禁止傳謠"。有傳播這方面情況的，要嚴加追究。1960 年春，濟寧火車站一外流人員被勸阻站勸阻 (那時火車站、汽車站、碼頭等，均設阻止人員外出逃荒的機構，名曰勸阻站)。這位外流人員說："餓的人吃人了，還不讓逃荒。"外流人員當即被送到車站派出所，以"污蔑大好形勢"的"罪名"關押審查。也是這年的春天，膠濟鐵路辛店火車站擠滿了外流人員，要求上車，被勸阻站阻止。其中一外流人員帶著全家數口外出逃荒，被勸阻站擋住，令其全家返回原地。這個外流人員說："要不是餓的人吃人，誰往外逃荒。"勸阻站的人員說："你這是造謠破壞。"互相爭吵起來，勸阻人員對其打罵。外流人員從攜帶的炊具中抽出一把菜刀相威脅。適有公安戰士在此等候上車，見外流人員手中拿著菜刀，立即端起衝鋒槍將這一外流人員擊斃。事後政法機關為此發出簡報，通報全省，要求勸阻工作不要激化矛盾，防止類似事件的發生。

1960 年冬，山東省委主要負責人因在"大躍進"、"人民公社化"運動中犯有"嚴重錯誤"，受到批判。華東局書記處書記、安徽省委第一書記曾希聖到山東主持處理。山東省委主要負責人對批判不服，稱自己堅決執行了黨中央、毛主席的指示，要自己承擔"大躍進"、"公社化"的錯誤想不通。但又說對不起山東人民，在批判大會上，鞠躬向全省人民表示謝罪。在對其批判中，有些地、市幹部揭露了大批餓死人，以及人吃人的問題。曾因向主要負責人彙報人吃人事件遭到冷落的省檢察長陳雷，也壯起了膽子揭露向省委主要負責人彙報人吃人事件時遭到的非難。

批判省委負責人會議的最後階段，曾希聖作了總結報告。報告中列舉了山東省委主要負責人"破壞耕作制度"、"大刮五風"、"大批餓死人"等嚴重錯誤,還特別提到:"據初步發現,全省人吃人事件七十餘起。"

曾的《總結報告》書面材料發至全省各縣委及省委派出的工作組。省委駐金鄉縣工作組長劉若克(省檢察院副檢察長)讀了曾的《總結報告》。報告中提到人吃人的問題時,引起了他對金鄉縣是否發生過人吃人事件的注意,為此派工作組員肖錫宜到金鄉縣胡集公社胡集大隊調查摸底。胡集大隊十五個生產隊,有兩千多人。經座談會調查與個別訪問,1959 年冬到 1960 年冬,全大隊發生人吃人事件九起,支部書記 4 歲男孩餓死煮熟後,全家吃了一天。這九起人吃人事件,直至曾希聖總結報告時未能發現。

三年嚴重災害期間,山東各地都曾發生人吃人的事件,雖然缺少全省的統計,但遠不是曾希聖報告中所提到的七十餘起。1961 年春,筆者參與省政法工作組檢查萊陽縣檢察院批捕、起訴質量時,閱卷中,發現兩起賣人肉案件。兩起作案人均是復員軍人。審訊中一作案人供稱:"兩年內盜挖餓死後新埋上的屍體十多次。一具屍體能割十幾斤肉。最初,因全家餓的快要死,吃了幾次人肉沒餓死。往後盜了屍體煮熟推到大集上當牛肉賣,每斤五元,都搶著買。"另一作案人供:"兩年內盜屍煮了當牛肉賣,共有七、八次。賣人肉的還有幾個人,他們盜屍體賣比我多。"這兩名罪犯各判徒刑四年。

據萊陽縣檢察院介紹:1959、1960 這兩年,全縣盜挖屍體案件時有發生。已破獲七、八起,還有五、六起未破。有的盜屍體吃了自己死亡了,還有的死亡在盜屍現場。萊陽縣城相公社(城關公社)兩位五十多歲的男社員,他們是鄰居,白天他們二人還病懨懨地坐在門口石臺上說話,都說自己不行了。到了夜間死了一位。當夜其親屬將死者埋到萊陽城東南一裡遠的丘陵上。活著那位鄰居饑餓難忍,在這天的下半夜,背上筐,帶著鐵鍬和菜刀奔向城東南丘陵,掘開鄰居的土墳,割下死者兩條腿裝進筐裡。在背著人腿返回時,摔在梯田下死亡。天亮後被過路行人發現,報告了城關派出所,經民警檢驗認為:盜屍人嚴重水腫,身體極其虛弱,加之偷屍勞累、恐懼,跌撞而死。通知了盜屍者親屬及被盜屍體親屬各自作了掩埋。

我愛北京天安門
宣傳畫

人相食案件三百多起

尹曙生（安徽省公安廳原常務副廳長）

《安徽特殊事件的原始記錄》

炎黃春秋

2009 年第 10 期

1960 年，我是青海省委書記兼省長王昭的秘書。1960 年 5 月 13 日，青海省公安廳給省委寫了份報告，題目是《關於西寧地區當前治安情況的報告》，報告中說到西寧市和煌中縣發生人相食案件三百多起。

一個婦女吃了九個小孩

楊繼繩

《墓碑》

香港天地圖書有限公司

2009 年版

從 1958 年到 1962 年，（青海）全省非正常死亡人數達 10.29 萬人，這對於只有二百多萬人口的省份來說，不是一個小數字，何況官方的死亡數字是低於實際情況。人吃人的事件也發生多起，一些人因食人肉而被捕。1961 年 2 月，西寧市公安局對因吃人肉而被捕的人做出了處理規定：一、勞動人民因食死人肉而逮捕的一律釋放；二、反革命分子因食死人肉逮捕不算錯，但要從輕處理。

距省會西寧市二十八華里的湟中縣本是一個富饒繁榮的地方，卻出現了大批餓死人的慘案。全縣一百六十三個隊中有一百一十二個隊大量死人。屍體成堆，有的隊死亡率達 40%。漢東公社水磨石溝的一個水洞裡就堆了一百多具屍體。黃鼠灣隊有一天一個馬車就拉出三十多具屍體。僅 1960 年全縣餓死 15230 人，占總人口的 12.87%。人吃人的事件一百一十多起，漢東公社楊家灘生產隊的一個婦女竟吃了九個小孩。

于人
五子登科
《漫畫》半月刊 1959 年 1 月 23 日

孩子的一條胳膊在鍋裡冒著熱氣

孫正荃
《親歷 1960 年的饑餓》
炎黃春秋網刊外稿
2010 年 10 月

……我在（青海省湟中縣一個山村）村子裡隨意走走，採訪經驗告訴我，往往在不經意中可能會抓到很有價值的東西。我走過一個莊廓，看到大門倒在一邊，便走了進去。這是一個不小的院落，北房比較大，至少有五間，東西房好像只有三間，如果是一家住，那定是個三代人的大家。院子裡不見人影，牆根邊胡亂堆了幾件農具，西南角上還有一點柴草，我高聲喊了一聲：有人嗎？沒有回音。

我再細細一看，發現東西房的門窗大多已經東倒西斜，心頭不由一怔。老慕說過，有的人家已經死得絕種了，莫非是……我不敢往下想。我推門走進好像還有人住的北房，立即聞到一股有些異樣的味道，我朝鍋臺走去，鍋裡冒著熱氣，我隨手揭開鍋蓋，眼前的一幕讓我驚呆了：分明是孩子的一條胳膊！

我記不得在那裡呆滯了多久，可能是一分鐘、三分鐘，還是更長一點？突然，一個中年男子撲通一聲跪在了我腳邊，讓我越加驚嚇不已。我趕緊扶他起來，他卻向我一個勁地作揖磕頭，好像還在求我什麼，可是我怎麼也沒聽明白。我只好一遍遍地對他說，我不是縣裡的幹部，我什麼也沒有看見，我什麼也不知道……

然而，我萬萬沒有想到的是，這個中年男子竟然在這天夜裡投水自盡了。老慕告訴我，幸虧被人發現，救了起來。老慕說，算他命大（本地話，指能逢凶化吉也有活得長的意思），正好碰上有人到礦上（不遠有個鉛鋅礦）去偷糧食，不然，不是多了個冤死鬼？誰給他弔孝？全家就他了，沒人啦。

在反党纲领《四年总结》里，林铁之流还极力诬蔑大跃进。胡说什么："大跃进是大跃退，大跃进得不偿失。"这些家伙把苏修的破坏和自然灾害所造成的暂时困难，强加到大跃进头上，用心何其毒也！

河北省革命大批判展覽館
《叛徒、內奸工賊劉少奇在河北的代理人林鐵之流的滔天罪行》
連環畫　1969

在反党纲领《四年总结》里，林铁之流还大肆攻击人民公社。他们胡说什么：成立人民公社"损害以至破坏了工农联盟"，还污蔑说："人民公社、大跃进都犯了错误"，"人民公社是盲目追求形式，不是群众要求"等等。这是地地道道的反动谬论。

河北省革命大批判展覽館
叛徒、內奸工賊劉少奇在河北的代理人林鐵之流的滔天罪行
連環畫 1969

一段吃人的經歷

雪蓮

觀察網

2012 年 4 月 25 日

尼姑巴青卓瑪，是西藏著名的女政治犯，也是全西藏歷史中一個非常重要的歷史人物。她滄桑的人生經歷，訴說了一則西藏歷史上婦女參軍抗敵、被抓捕後長期關押在中共監獄內的遭遇，以及在經過了漫長的苦難史後投奔流亡社會的過程。駐紮在流亡中心達然薩拉的九、十、三前政治犯運動組織，曾出版了一本她的母語個人傳記，……其中第六章"吃人的年代"中敘述了那時的一段真實歷史：

1971 年，中共在西藏的監獄中掀起了一場被稱作"一打三反"的政治運動，其中，西藏自治區第一監獄（紮細監獄）和古紮監獄（拉薩市四處監獄）、桑野監獄（自治區四處監獄）、五支隊監獄內分為第一、二支隊，監獄內均關押了幾千藏族男女犯人，他（她）們均在牢獄中遭受了不同程度的虐待和人身壓迫，其中一批愛國志士，當時被拉到召集了幾千名犯人的場合，被集體槍殺。……

1969 年，西藏各地不斷掀起反抗中共暴政的抗議活動，自治區下面 13 個縣屬的廣大群眾，被抓捕關進了監獄，之中尼木縣的尼姑赤列曲珍等 17 人就在同一天被集體槍斃。1971 年，政府在西藏自治區第一監獄，或稱紮細監獄內，再次舉行了所謂的"冬季學法活動"。我（尼姑巴青卓瑪）被他們稱作是幻想和迷信、製造緋聞，頑固不化的保守派，進行了大肆打壓和批鬥。我被這樣不斷地批鬥了近兩個星期，最後，我和佛法上師薩迦派上師的明妃覺覺，還有一名達紮菲維族婦女，3 人被罰站在眾人面前，批判我們是反革命分子。我被宣佈為初步判刑，而她倆被宣佈為終極宣判。

1968 年，我們被關在紮細監獄中的 13 名女犯，在夜晚突然被裝上汽車，送到了人民醫院。到了那裡，才發現他們是為了給那些國家幹部動手術時輸血，才帶我們到這裡來。大量地從我們身上抽血。由於這件事，監獄內的很多被抽過血的犯人身體越來越虛弱，最後不明不白地死在監獄內。倖存者們也常年疾病纏身，身體變得非常虛弱。

……

另外，林倉的公主阿覺康卓曲央‧德慶巴珍和噶傑女官次仁巴姆、德西母女倆，也均在當時忍受了挨餓受凍的苦難，最後被逼得只有吃人肉以保生存，但最後母女倆在經歷了無限的艱難困苦後，還是沒能保住自己的性命。中共政府絲毫不管西藏人的生死，政府還將德西母女吃人肉的事情，到處進行了大肆宣傳，來"羞辱"母女倆。一次，一名羅卡（現山南）瓊結的政治犯，在被派去夜間澆灌農田的半路上，發現了一個死馬屍，由於當時身上不准帶刀子，他就用石塊猛紮死馬，等死馬身上開了一個可以伸進一隻手的洞，他就拼命地抓馬肉來吃了個飽，等吃飽了以後，才發現死馬的異臭味。吃飽後，他還在兜裡秘密地揣些馬肉，帶回監獄去。到了監獄內，其他獄友問他為何身上有血腥味，他如實說了路見死馬的事，並將剩下的馬肉給了那些他自己比較信任的人。

被關在山南桑野監獄內的犯人們，餓得頭昏眼花時，不得已還吃過斂氣囊（此囊意為鬼神收盛生靈呼吸氣息之死的袋子）。還吃了一些在水裡泡過的皮囊。另，還有人吃過死驢肉，老鼠肉等等。當時大家是見到能吃的，全都拿來充饑了。中共幹部以此為藉口，羞辱西藏的反革命是吃人肉、喝人血的"反動派"。

貢覺縣阿頂喇嘛阿羅和阿納官員家庭和媳婦等被中共吊起來，頭上捆綁著青稞麥穗，然後點燃頭髮，就這樣進行虐待。他們還將燒紅了的石片，丟進她們的衣兜裡，燒焦了皮膚。新龍喇榮寺院，一位名叫曲多吉的喇嘛，也遭到各種肆意的批鬥。他們這樣還不甘心，最後還強迫喇嘛師傅吃了糞便。

……

記得有一次，關押在林芝的犯人們，從工地押回監獄途中，見到一具騾子的死屍，大家不顧一切地奔向死騾，開始搶著吃。押著他們的公安，便上來狠命地揍他們。但他們當時餓得都沒有感覺。這批犯人，就把死騾子肉搶了個精光。

趙友萍
百萬農奴站起來
油畫 1962

把死人煮了吃

楊繼繩

《墓碑》

香港天地圖書有限公司

2009 年版

（雲南）省監委瀘西檢查組向省監委報告：1957 年，瀘西縣上報糧食產量 10363 萬斤，以 15 萬人口計算，每人應有糧食 600 斤以上。每人應分口糧 400 斤以上。

這是一個浮誇的數字。實際上每人只分得口糧 245-300 斤。部分群眾 1958 年 2 月間就沒有糧食吃，3 月份開始發生浮腫病，5 月份出現腫病死人。6 月死人增多，7 月死人最多。8 月死人數開始降。

據各公社上報數字，到 1958 年 12 月底，共發生腫病 33203 人，腫病死人 5123 人，其它死亡 3295 人，無病餓死 3336 人，共計 11775 人。占全縣人口的 7.34%。全馬公社共死亡 4424 人，占全公社總人口的 12%，中樞公社死亡 2177 人，占公社總人口的 8%。

最嚴重的腳冊、山口管理區，死亡人數占總人口的 20%。有的餓得沒辦法上吊自殺，有的帶孩子去找野菜，把小孩丟在山上，兩天后，小孩在山上餓死，大人在家裡餓死。有的把死人煮了吃，有人把孩子殺死本人投案。

"共產黨，給我一點糧食吧！"

楊繼繩

《墓碑》

香港天地圖書有限公司

2009 年版

1998 年，我的朋友、廣東人民出版社何天靜先生得知我在研究大饑荒，就對我說：廣東有個羅定事件，你要研究大饑荒，必須瞭解羅定的情況。何天靜是羅定人，發生羅定事件時他在上高中。當時他在郁南縣看到一個法院的佈告，一個老太婆把孫子的屁股割下來煮了吃了被判死刑。何天靜的伯父到處找稻糠吃，吃進去拉不出來，幾天就死了。何天靜在從學校回家的路上看到，每隔一兩百米就有一、兩個水腫病人趴在路邊等死。新東公社整個村子不見人，都死了。不過這些都是小村子，幾戶或十來戶人家。

……

（廣東省羅定縣）建城公社永高大隊社員曾北數臨死前兩天，躺在床上哭喊："共產黨，給我一點糧食吧！"叫了兩天得不到一點糧食而死去，群眾談起來仍痛哭流涕，非常悲憤。

棄兒一度極為嚴重。縣委、縣人委和各機關門口都發現被棄的小孩。半年以來，全縣先後發現刮小孩，吃死屍，吃人肉的事件七起。

81

李宗津
毛主席指出了光明大道
宣傳畫　1958

82

刨出來啃吃

金家富
《一個生產隊的死亡檔案》
炎黃春秋
2012 年第 3 期

1960 年，筆者先後在（重慶市涪陵區）馬鞍公社任基幹民兵連文書、文化站長、掃盲專職教師，有時下大隊食堂吃飯，一張飯票只有一個澱粉粑（用石灰漚包穀殼取漿製成），或乾脆只有一碗紅苕葉……

是年春，我任公社基幹民兵連文書時，接到石馬大隊的幾份檢舉材料，說該大隊六隊張家坡有一個姓張的青年（名字已記不起了）及其老母在家煮食人肉（小孩），被發覺後，隊上幹部收去在地壩腳埋了並潑上大糞，那老婦人還去刨出來啃吃，後來在太乙大隊朱家堡逮捕那青年時，他旅行袋裡還裝著人肉。

張光宇
社會主義旭日東昇
《漫畫》半月刊封面　1959 年 1 月 23 日

社會主義怎麼會餓死人？

朱健國
《世間已無李金玉》
山西文學
2005 年第 1 期

（湖北省鐘祥縣）一個農民餓得沒有辦法了才人吃人，這有檔的。鐘祥縣委就此事給地委打了報告，薛坦（荊州地委書記）當時拿它沒當個事，但省裡曉得這個事情了，追查這個事，薛坦才沒得辦法，派了地委宣傳部部長張紹武去鐘祥檢查，檢查以後，事實確鑿。但還有極左分子看了內部檔後說，社會主義怎麼會餓死人啊？這是誣衊社會主義。這檔不准在外說。

主席来到我們家 問

李琦
主席來到我們家　問長問短把話拉
年畫　1964

問短把話拉

亢佐田
紅太陽光輝暖萬代
中國畫

煮吃內臟

楊繼繩

《墓碑》

香港天地圖書有限公司

2009 年版

　　宜興是江蘇最富饒的地區，誰也不會想到這裡也會餓死人。但是，這裡不僅餓死了人，還有人吃人的記錄。省委農村部孫海光在一份報告中寫道：

　　我和劉耀華同志到和橋公社，聽到有些社員談去冬今春餓死人的事情，令人痛心！這個公社今人口死亡率高達 6.7%。今年春天因為死人太多，人死後連稻草也不包。高樓大隊有一戶人家一天死了兩個人，就用一副擔子把兩個死人挑出去了事。個別公社甚至發生過把丈夫、兒子害死後吃人肉解饑的事。

　　堰頭公社大儒大隊貧農女社員孫來弟，丈夫浮腫病嚴重，不能起床。今年 4 月 1 日晚上，她用棉襖把丈夫悶死後，將內臟拿出來煮吃。

　　銅峰公社黃童大隊貧農社員盧洪生患浮腫病，用剪刀將兒子喉管剪斷後，也把內臟拿出來吃了。這種慘絕人寰的事當然是個別的，但人口外流、疾病、死亡棄嬰是大量的。

陳年的木乃伊

楚辛

《大饑荒目擊記》

炎黃春秋刊外稿

2011 年

一天下午，在（淮北農村一個）大隊部聽彙報，有兩件事特別引人注意：

一是某生產隊長的小兒子突然失蹤，全家人驚惶不安，夜不能寐。深夜，隊長走出家門尋子，聞到了肉香撲鼻，便循著香氣來到一戶人家的廚房，掀開鍋蓋，發現鍋裡煮的正是人肉，小手小腳全在……

另一是一個名字古怪的村莊（這個村名當時一聽，就感到毛骨悚然）有人死了，由四個男人抬（其實是拖）到村後去埋。正要動手時，鄰村過來了八、九個男人，不說話，眼裡射著凶光。四個人丟下屍體就跑，眼睜睜地看著那些人把屍體架走了。

這之後，老 x 很少說話。晚飯後，大隊的人要各回各家，隊部只剩下我倆。老 x 雖沒說什麼，但我心裡明白他和我一樣恐慌。臨睡時，他把房門堵了又堵，手槍也放在枕下。那一夜，我與他都睡得不沉。

在巡視中，遇到這樣一件事：群眾反映，某生產隊的隊長，利用手中控制的一些山芋，誘姦了隊裡大部分姑娘和年輕媳婦。我們到一家查問過。這家的男人正在海軍服役，老人全死了，女人帶一個小孩，無力地躺在床上。我們委婉地問及此事時，她紅著臉哭泣不語。看來確有其事了。立即向區委通報，後來如何處置，就不知道了。

……

我們所到之處，真的是"千村薜荔人遺矢，萬戶蕭疏鬼唱歌。"不僅不聞雞犬，大白天連人聲也聽不到。小孩子們老老實實地蹲靠在牆邊，不僅神態像老頭，連額上起皺的皮膚也簡直是老頭。一些正處在妙齡的姑娘，眼泡腫得半透明。婦女幾乎無一例外地患有一種病，名為"子宮脫垂"——子宮韌帶鬆弛，子宮垂到陰道外面。路旁，墳塚累累。有的只是表面敷一層薄土，連人形還儼然在目。有一回，經過一個高坡。坡沿上排列著的全是死嬰，大大小小，長長短短，讓人觸目驚心。古人講的"哀鴻遍地，野有餓殍"大概就是這樣的。

五月初，天氣晴和，氣溫還暖，就在這氣候宜人的季節，農村的災難卻達到了高潮。有的村莊，全部死絕。記得是一個中午，陽光特別地豔，天氣也特別地暖，我一個人從小路走到一個村莊。村莊被比人還高的黃蒿嚴嚴地圍住。走進去，不見絲毫人影。跑了幾戶，都是杳無人跡。此時，太陽依然照臨著這死一樣靜的村莊。我心裡一陣發怵。但還是探險式地朝裡走。

突然，在深處的一幢房舍前，刷地站起來三個年輕人，個個赤身裸體，一絲不掛。他們在這裡曬太陽，我的到來，讓他們吃了一驚，我也吃了一驚。隨後，看看我，又蹲下曬他們的太陽。在我當時的幻覺中，這已不是人間，至多，是一座沒有經歷文明洗禮的荒島，我只是偶爾踤到了幾個野人罷了。走進一家房舍，依然毫無聲息。當我從前廳向後走時，在中間的橫過道裡，看到這樣一種異常的情景：擺在過道的一張窄窄的竹榻上，側身向裡蜷縮著一位老嫗，也是全裸。那皮膚黃表紙一般，而且形成了鱗片。粗看像一截黃顏色的松木，或者是一具陳年的木乃伊。我同她說話，她身子未動，只是眼珠朝我這邊轉了一下……

五月中旬，氣溫又高了許多。一部分早熟莊稼已可食用了。眼前已有轉機。但此時，田野裡彌漫著一種比糞臭還要難聞的氣味，是腐爛了的屍體發出的。死人的消息還是時有所聞，那都是因為大量暴食新麥豆後脹死的。

終於熬到了收麥的時辰。人從絕望中漸漸蘇醒，農村也有了萌動的生機。一次，在一片稻田邊上，村幹部指著不遠處一位形貌姣好的年輕農婦對我說，她就吃過人肉。

苗地
大團圓（年夜飯）
《漫畫》半月刊　1959 年 1 月 23 日

作者和出版者不詳
三個元帥兩個先行、技術革命文化革命勞動知識相結合、躍進躍進再躍進

力群
女社員

吃人肉大補

余習廣

《大躍進・苦日子上書集》

香港時代潮流出版有限公司

2005 年版

　　（廣西）人都餓瘋了，竟有吃死人的，有的人就偷偷去刨新墳，挖出死人來吃。後來人死了就扔在路邊，也沒人埋了，就會有人去弄了吃了。也有的是自己家裡人剛死，親人就吃了他……對餓得快死的人說，人肉也是肉哇，吃了人肉還是有補養的吧？反正我們這裡就有人活下來了。

吳耘
鼓足幹勁、力爭上游、多快好省地建設社會主義
《漫畫》半月刊封面　1958 年 6 月 23 日

吃活人

澧縣閘口公社社員
《關於幹部問題上中共中央領導人書》
1960 年 5 月 16 日

敬愛的首長，我們今天的生活真是苦極了。我們這裡餓死的人太多了，哪個生產隊都有上百的人餓死。糧食去年本來就欠收，收下來又讓公社征了國家的收購糧，食堂斷頓是常事。社員沒糧食，只好到處去挖野菜、剝樹皮，就連觀音土都是好東西。還有的人偷偷吃死人，有吃死屍的，有吃逃荒死在路上的，還有吃活人的！這樣下去怎麼得了！我們公社就發現了好幾起吃人的事，讓人聽起來就寒心！活著的人就遭了大罪了。家家戶戶都有人得浮腫，小孩子餓得兩根腳杆像麻杆，老人全身像乾柴，婦女連月經都停了。

听毛主席话 做毛主席的好学生

刘文西
聽毛主席的話　做毛主席的好學生
宣傳畫　1965

父食子

杜斌

《北京的鬼》

博訊出版

2010 年版

天旋地轉。每個人看上去都像大肥豬般饞人。劉家遠（右頁圖上）餓。想吃肉。產生了幻覺。

劉家遠。年齡已不可考。轉業軍人。"魚米之鄉" ——湖北省澧縣如東公社農民。

1959 年至 1961 年間的大躍進運動。刮空了中國農民肚裡剩下的最後一滴油。大躍進運動是毛澤東向共產主義天堂跑步前進的宏偉夢想之一。

1960 年。缺糧的重災區河南省、安徽省、四川省。成千上萬的農民像野草般餓死。官方稱：1959 年至 1961 年。非正常死亡三千六百萬人。而獨立的專家學者卻認為：至少餓死四千萬至五千萬人。

劉家遠的老婆。餓。拋夫棄子。與別的男人遠走他鄉。找吃的去了。

劉家遠的兒子。年齡已不可考。餓得連哭的力氣都沒了。

他不想讓兒子再受罪了。"與其讓兒子受罪還不如把他殺吃了。"他想。"吃個飽肚子自己再死也好。"

他用菜刀砍死兒子。肢解。偷來胡蘿蔔。與兒子的屍體。一起放在鼎鍋裡。熬煮（右頁圖下）。

他後來說："幾年來第一次吃了一餐過癮的肉。"

村民聞到肉味。揭發。劉家遠被逮捕。槍斃。

執法者給他和兒子的遺骸。拍照存檔。這兩張照片。成為大饑荒年代人食人的罕見的歷史見證。

顯然。這也成為令中共永遠天旋地轉的恥辱的罪證。

注：
圖文資料參考自余習廣主編《大躍進•
苦日子上書集》，時代潮流出版有限
公司，2005 年版

韓羽
全家福
《漫畫》半月刊封面　1958 年 11 月 23 日

賣人肉

鄧自力（1958 年中共四川省瀘州地委第一書記）

《坎坷人生》

四川文藝出版社

2000 年版

……賣人肉吃人肉的可怕的事也發生了。宜賓市就發生了將小孩騙到家中，整死煮熟後作為兔肉到街上賣的事。謠傳吃人肉能治腫病，於是有腫病的人就從死人身上取下些肉煮食之。

賣死人肉

惠文

《困難時期整社記實》

香港中文大學中國研究服務中心

1962 年 11 月 15 日

困難時期，（四川省）簡陽縣的人口由 120 萬左右下降到了 80 萬左右……

由於死人埋得淺，沒有棺材裝，就給一些活著的人鑽了空子。死人剛埋下去，往往夜間就被挖了出來，身上的衣服被剝去，身上的肉被割走。

在山坡上，一些新墳往往中間一個坑，前面亂稻草一堆，破布片幾塊，無疑，就是被偷盜了的墳墓。簡陽縣城邊的橋上，趕場天有用土缽缽裝著綿條條帶黃色的熟肉片賣，其上面灑了海椒面，缽邊撬著一雙筷子，賣者高叫買瘟豬兒肉，三角錢一片。

聽社員講，那就是在賣死人肉。還有些人擺地攤賣的舊衣服，也往往是從死人身上扒下來的。

人肉交易

Frank Dikoetter

《毛澤東的大饑荒》

香港新世紀出版社

2011 年版

人肉好像商品一樣在黑市上交易。

有個農民在張掖火車站用一雙鞋換了一公斤肉,發現裡面有一隻人鼻和幾隻人耳朵,於是向當地公安局報案。為了防止敗露,有時候人肉會和狗肉混在一起,在黑市上出售。

包子是用小孩的肉做的餡

虹影

《饑餓的女兒》

四川文藝出版社

2000 年版

1959 年,重慶石橋賣人肉包子。"養父悄悄給我五角錢。生日這天,我跑到石橋一個水館子買了兩個肉包子(每個兩角,餘一角抵糧票),帶回家,給養父與媽各一個。""她(媽媽)拿起包子的碗,想起什麼似的,問我在石橋哪家館子買的。""我說,當然是水館子,每個人都說那兒的肉包子肉餃子好,真是人多得很,還排隊。""從母親不太連貫的話語裡,我聽出了個大概:災荒年水館子的包子是用小孩的肉剁爛做的餡。……當年有人發現餡肉裡有手指甲,告發了……"

吃人肉是"破壞社會主義"

章珍

《"大饑荒"時期"人吃人"的考證》

黃花崗雜誌

2007 年 12 月 27 日

……在四川瀘州專區曾發生這樣的事：一個在外地讀書的學生放假回家，一天半夜聞到肉香，又聽隔牆有咀嚼之聲，從牆縫偷看，見父母正狼吞虎嚥，次日發現弟弟沒了蹤影，回到學校便瘋了。

"鬼城"

楊繼繩

《墓碑》

香港天地圖書有限公司

2009 年版

（四川）省委組織部副部長苗前明到涪陵召開川東片組織工作座談會後到重慶，重慶市委組織部長蕭澤寬請他吃飯。吃飯時問他涪陵死人的情況。

苗前明說：全地區各縣加在一起死了三百五十萬人。在省委工作會議期間，雅安地區的榮經縣縣委書記說他那裡人口死了一半，有的村子死得一個都不剩，連埋人的人都沒有了，只得派另一個村子的人到這個村來埋人，埋人的人餓死了，只好再從其它村調人來埋這些埋人的人。反映榮經縣情況的簡報按規定要發到各組，還應報中央，但我剛剛看到就通知要收回去。四川死人最嚴重的地方，一個是雅安地區的榮經縣，一個是涪陵地區的豐都縣。涪陵專區豐都縣，三年死於"腫病"的就有十萬余人，成了名副其實的"鬼城"。

白丁
中華人民共和國萬歲
水粉　1960

妻殺夫 父殺子 兄殺弟

楊繼繩

《墓碑》

香港天地圖書有限公司

2009 年版

從 1960 年底到 1961 年底，四川全省各地都有關於饑餓和死亡的報告……過度饑餓使人失去理性，暴露出動物的殘忍。在大饑荒期間的四川省，有記錄的人吃人事件有多起。

大邑安仁九管區社員劉元芳，女，30 歲，於 1960 年 4 月 23 日把親生女（李水清，8 歲），兒（李永安，9 歲），用牛繩子拉到安仁觀音堂清水河淹死。據劉元芳自己說，由於這兩個孩子偷社上豌豆角二斤五兩，被發現，當天中午事務長即扣了劉元芳母子三人的飯。劉元芳提出她下午要耕田使牛，只給了她一人四兩米，兩個孩子沒吃。下午這兩個孩子又去偷了附近鴨棚子的米二斤，又被捉住，第二天中隊長xxx 打了劉元芳兩耳光，吐劉的口水，要劉把米退出來，劉沒法，將飯票退出。因此，想到做了活，吃不到飯，做活路完不成任務，又要挨鬥爭，所以就下了這個毒心，把孩子整死。

灌縣蒲陽公社八管區三隊潘素華，女，41 歲，1960 年 3 月 16 日晚，其夫唐前武落水淹死，次日晨被發覺，當晚潘素華以假悲之情，叫社員埋淺點，回家後將菜刀磨得鋒快，當晚乘夜靜更深，帶上鋤頭、菜刀、背菟等物，把墳墓挖開，將頭、四肢砍下，並挖取肚腹及全部上軀扛回家中煮熟自食外，還假以熊骨出售，以一元五角元一斤，共賣了 11.75 斤。這事被食堂事務長黃榮太發現，並在她家中查出手、殘軀及腸、骨等。

灌縣崇義公社三管區二隊富裕中農周玉光，女，39 歲。1960 年 3 月 16 日下午將該隊杜之田已死兩天的小孩（兩歲多）從埋處挖出，砍去頭部、四肢並將肚腹挖出丟在河裡，將身拿回家煮吃。

戴仁
獻禮
《天津畫報》 1959 年 10 月國慶專號

從一個勝利走向又一個勝利

《人民日報》國慶日社論
《為第二個十年的更偉大的勝利而奮鬥》

1959 年 10 月 1 日

　　正是由於有中國共產黨和毛澤東同志這樣的舵手，我國人民才能順利地克服了前進道路上的一切困難，從一個勝利走向又一個勝利。……我們党和毛澤東同志……制定了……鼓足幹勁、力爭上游、多快好省地建設社會主義的總路線……去年的大躍進和人民公社化以及今年的繼續躍進的輝煌成就，也充分地證明瞭這條總路線是完全正確的。

古元
（歡呼）參加群眾大會去

全家吃人

Jasper Becker

《餓鬼：毛時代大饑荒揭秘》

美國明鏡出版社

2005 年版

在大躍進以後的大饑荒當中，中國很多地方的農民吃他們的孩子。張戎女士在《鴻：三代中國女人的故事》中，記錄了四川一位黨內高級幹部向她講述的事件：

一天，一個農民闖進他的房間，跪倒在地就是一陣痛哭。說自己犯了不赦之罪，乞求懲罰。最後才弄清楚，這人殺了自己的嬰兒，並吃了孩子的肉。饑餓成了難以控制的魔鬼，驅使他去動刀。他發瘋似的揪打自己，臉上淚花滾滾。我認識的這位先生下令把他抓起來，後來槍決了他，以警告那些殺害兒童者。

在這個國家的另一端遼寧，省黨報曾報導了人吃人案件。在《劫：一個中國婦女的自白》一書中，楊紫安記錄了一位同學告訴她發生在本村的一件事：

一位農家婦女不能忍受她二歲女兒饑餓難耐的哭鬧，也可能苦於無力結束孩子的苦難，只好把那孩子扼死。她把孩子的屍體交給丈夫讓他去埋。沒想到這父親因饑餓精神失常，把孩子放進鍋裡，和找來的一點野草等一起煮了。他還強迫這母親也去吃一碗。這位婦女痛心而又悔恨地把丈夫的行徑向當局報告了。實際上她即使自願坦白也於事無補。雖然人民共和國的法律還沒有禁止人吃人的條文，但是在公安部門處理這類普遍存在的案件時，都採用了最嚴厲的手段。這夫婦二人被捕後都被立即處決了。

本書作者在各地採訪時，當地農民都能立刻追述起他們親眼目睹的人吃人事實。一位安徽省的地方幹部對本書作者說："沒什麼稀罕的。"

在四川，一位前生產隊長認為："我們這裡幾乎每個縣，大多數村子都有過吃人的事。"

黨內正式檔同樣證明了這些事實。河南省南部固始縣，官方文件稱大饑荒前全縣人口九十萬，僅據檔記載的就有二百例人吃人案件。安徽省鳳陽縣 1958 年人口 33.5 萬，黨內檔記載僅一個公社就有六十三例人吃人案件。

作者在陝西、寧夏和河北採訪時，被採訪者都講述了本地人吃人的事件。曾在西藏、青海和甘肅服刑的被採訪者，也回憶了他們在勞改營裡親眼所見的人吃人事件。在青海的勞改農場，犯人們經常割下死屍肉出售或自食。勞改農場以外也有同樣事件。青海省同仁縣的一位藏族農民回憶說，當年從河南來這裡落戶的青年人中，有個女孩殺了一個 8 歲的男孩，和另外三人分食。後來這四個吃人者全被逮捕。還有一例是一家藏族人吃一兒童的屍體，全家被逮捕。

不同來源的資料都足以證明，很明顯在全國各地、各族、各個社會等級中，都沒有禁止人吃人。農民們不僅吃死屍肉，而且出售，不論是自己的孩子還是別人的孩子，都有被殺被吃者。

熏成臘肉慢慢吃

韓福東

《躍進悲歌》

經濟觀察報

2012 年 4 月 9 日

在（四川省）通江縣沙溪公社文勝鄉，曾發生轟動一時的食人案。

據何光宇介紹，當地一個老太婆，見生產隊長的孩子比別的孩子都胖些，就騙其到屋中吃飯，在孩子向水缸裡看的當口，用刀將其殺死，然後煮了吃肉，一時吃不完的肉，就熏成臘肉慢慢吃。這個老太婆非常饑餓，她的老伴前些天剛剛餓死，也被她將屍體吃掉。

因為有肉吃，所以老太太看上去紅光滿面，與同村人一臉菜色形成對照，找不到孩子的生產隊長，後來在她屋中發現臘肉，此案告破。老太太被抓捕，遊街示眾。他還聽說，萬源縣也有人因殺人果腹而被判刑。

1960 年 2 月，達縣專區政府曾在一份報告上表示，自 1959 年 12 月以來，短短三月內，達縣專區內已經發生二十八起吃人肉事件，其中萬源縣五起，巴中、通江、鄰水縣各一起，平昌縣三起，宣漢縣最多，有十五起。共吃掉三十一具屍體，這其中，既包括偷吃死人肉，也包括謀殺親生子女或繼女事件。

馮萍
新講堂
水粉 1974

幾歲的女娃兒快叫吃光了

廖亦武

工作組長鄭大軍

《中國冤案錄》

勞改基金會

2005 年版

採訪緣起：2002 年 6 月 28 日下午，星期六，我與妻子搭長途客車去崇慶縣九龍溝躲避酷熱，黃昏在溝頭紅紙村某農家大院投宿時，認識了山野散步歸來的鄭大軍先生。

鄭老 72 歲，原籍河北，寬身板，亮嗓音，一望便知頗有來歷。他是縣團級離休幹部，但目前已習慣了閑雲野鶴的生活。當其回首幾十年前，自己初涉仕途，任縣委下鄉工作組組長的歷史，不禁悲從中來，幾番欲潸然涕下，"大冤案啊，"他歎道，"餓死幾千萬人，可至今沒個正式的交代。"

（以下鄭大軍簡稱 "鄭"；老威簡稱 "威"）

威：我是 1958 年大躍進出生的，60 年春天餓出水腫病，差點都沒命了。您當時呢？

鄭：58 年我 26 歲，是 ×× 縣委農村工作組的副組長，在放衛星的第一線——東陽公社二大隊蹲點，檢驗大躍進的成果。……

我們在大隊党支書的陪同下檢查了廚房和每張飯桌，紅苕稀飯敞開供應，玉米窩頭在籠屜裡堆成小山。我驚訝地問："這也敞開吃？"支書回答："無論大人、娃兒，每人限吃四個。"

我說："這窩頭足有三兩吧？小孩沒撐著？"

支書說："農村娃兒撐不著，蹦兩蹦肚子就瘪了。"我厲聲批評說："要有計劃，不能浪費！"支書連連稱是。由於准吃不准揣，農民們頓頓死撐，稀飯鍋裡的紅苕沒人舀，窩頭皮滿地扔。

大隊幹部五、六人簇擁著我們進小飯廳，桌子上已擺好兩臉盆紅燒肥腸和回鍋肉。我問："這是咋回事？"支書答："前天公社批准殺豬，經支部研究決定，留了些下來慰問工作組，這也是社員們的一番心意。"我和其他同志都拒絕搞特殊化，命令把肥腸和肉加菜燴了一鍋，在晚餐時按人頭分給社員。那年頭，我們常下鄉，對農村幹部的陽奉陰違深有體會，但時代風氣如此，誰不識時務，就要犯錯誤，所以沒人對公共食堂的浪費現象提出異議。

直到兩年後，我率領整風整社工作組一行四人，進駐同一地方，落實《十二條》（即 1960 年 11 月 3 日由中共中央發出的《關於農村人民公社當前政策的緊急指示信》，共十二條，檔的核心是要求全黨以最大的努力糾正 1958 年以來在農村刮起的共產風，徹底清理"一平二調"——老威注），才發覺其後果的嚴重性。

曾經風光一時的公共食堂一派破敗，靠廚房的隔牆已經打掉，以增加伙食的透明度。上百號社員排著長隊，捧著碗，有氣無力地繞著砌在地上的大灶台繞圈，領取一勺照得見人影子的午飯。這是將政府救濟的陳穀子連殼帶米碾細，再下鍋狠熬出來的糠米粥。後來瞭解到，是因為工作組大駕光臨，大夥方能領到如此"見米"的上等貨色，若在平時，一日三餐清水煮紅苕，一人兩小砣；或者清水野菜，撒幾把珍貴的米糠進去攪勻，如果再撒一把老玉米或幹豌豆，那就近乎奢侈了。

我們四個人躲在門外，觀察了好一陣，組員老王示意大隊支書不要聲張。

桌子、板凳都失蹤了，人們領了飯，迫不及待往嘴裡倒，卻沒有一個人被滾燙的粥傷著。隊伍繼續移動，除了勺碰碗的聲音，一切都顯得空蕩蕩的。終於，所有的人都坐了下來，圍成幾個圈子，有一半以上的人在舔碗，非常專心，仿佛要把已經透亮的碗舔穿。沒舔碗的直喘氣，似乎開飯是體力活兒。我們呆了，不禁面面相覷，作為黨的幹部，我們深為自己沒有被餓垮的身子骨羞愧！

趁我們發楞，大隊支書卻按捺不住提步進門，大吼一聲："歡迎工作組同志！"

於是全體起立鼓掌。我們只得露面，招呼大夥。不料社員們卻有節奏地邊鼓掌邊背誦："公共食堂好，人人吃得飽，感謝毛主席，感謝党領導！"一連背誦三遍，就有五、六個人因元氣消耗過度，倒地昏厥過去。我忙叫救人，老王掏出臨出發前帶的一封壓縮餅乾，泡在開水碗裡搗散，依次灌了。

當晚召開全體社員大會，傳達《十二條》，並當眾宣佈將"一平二調"中擅自調撥的私人財產歸還原主，許多社員激動得流下了熱淚。老貧民牛東山說："終於可以死在自己屋頂下了。"而大隊、生產隊兩級幹部都陰著臉，沒一個吱聲。散會後，大隊支書埋怨說："現在才來糾正共產風，意義已經不大，因為這兩年大夥偷的偷，拿的拿，集體財產都搞光了，連米糠缸子也給砸了。大河斷流小河幹，住在自家屋頂下有啥用，瓦又不能吃。"

我批評了這種悲觀情緒，大隊支書頂撞說："憑共產黨的良心，我這個書記沒有虧待社員，除了上面領導視察時陪點吃喝，我沒有搞明顯的等級。餓死的社員一年比一年多，我不難受麼？可後山的五大隊咋樣？都吃人了……"

我們大吃一驚，我打斷他的話："不要亂講，要負責任喲。"大隊支書把胸脯擂得崩崩響："百分之百負責任！我閨女前天逃回娘家來，說她們生產隊幾歲的女娃兒快叫吃光了。"

事關重大，當機立斷，我派老王連夜趕回縣委彙報，我則立即去後山五大隊，把最新"敵情"通報派住那兒的工作組劉、聶、姜三同志，他們還被蒙在鼓裡！

通過細緻而艱難的調查，東陽五大隊第一生產隊人吃人的內幕終於揭開：

全隊共 82 戶 491 口，僅在 1959 年 12 月至 1960 年 11 月期間，就虐殺並吃掉 7 歲以下的女童 48 名，占全隊同一年齡線出生女童人數的百分之九十，百分之八十三的家庭有吃人史。

最早發現吃人的是生產隊會計王解放，據他供述，1959 年底，公共食堂無糧下鍋，經常"變相斷炊"。所謂"變相斷炊"，即灶房只敢開供應白開水，而把從社員的牙縫裡強制節餘的渡春荒救命糧扣下來，供黨員幹部們夜半三更時享用。因為"群眾垮了幹部不能垮，否則就失去了革命的主心骨"。

按當時的政策，公共食堂之外的私自開夥屬違法行為，所以幹部們半夜填了肚子，還肩負著巡邏的重任，要保證家家房頂不冒煙——如此堅壁清野持續了一年餘，而唯一的熟食來源公共食堂又名存實亡，廣大群眾只好放棄生產自救，滿山瘋轉，撈著啥吃啥。樹葉、樹枝、草根、野菜、地菌，後來連整張草皮也爭相恐後地鏟回家。

⋯⋯人吃人就是在這個節骨眼開始的。

他說："那晚輪到我和出納、保管巡邏，已是下半夜，我們沿著村子轉了一大圈，肚皮又癟了。出納說：這餐加的，屙泡尿就不行了。我說：你吃了四個玉米窩頭，咋不行了？出納說：沒油葷，吃多少都不頂事。保管說：你等著吧，到了共產主義，讓你一天吃一頭豬。出納說：你現在就變成豬，讓我啃一口。我說：莫開這種沒覺悟的玩笑，想想普通社員咋過的？於是三人都不吭氣了。那晚下了入冬的頭一場雪，月亮鑽出雲層，照著雪地，格外晃眼睛。保管突然說：我看見冒煙了。我和出納正揣著手，準備回家呢。保管又說：他媽吃了豹子膽！

我們一下來了精神，就趴在一堵山牆後面仔細觀察，果然有幾絲淡煙兜著圈兒順風斜飄。隊裡的情況我瞭若指掌，可此刻卻不敢相信這煙是從莫二娃屋頂冒出的，人家是老實巴交的貧農，家裡8口人餓死了2口，也從來沒有違犯過政策！況且這年月有啥可煮的？

⋯⋯

我們從後門撞入灶房，手電筒一打亮，莫二娃那一窩耗子就亂竄開了。我喊：不准動！保管舉起鳥槍，朝天轟一炮，把房頂衝開個窟窿。驚慌之中，不曉得誰踩翻了地下正咕咕冒泡的盆，燙得我們直跳腳。⋯⋯出納摸出火柴，劃燃馬燈就地一照，頓時傻了。

在去年被掀掉的灶台原地，膽大包天的莫二娃又掘了口地灶，平時用石板扣著，要偷煮東西時才挪開——他這次煮的是自己的親生么女，3歲的樹才妹。難怪這麼大的油葷，嗅兩下都穿鼻。當鍋用的臉盆四周，到處是小拳頭大的肉砣砣，出納埋下腰，用筷子戳起一砣，熱騰騰地舉到燈前查看，差不多快熟了，人肉皮薄，一煮就蜷裹成誘人的一團，把個保管看得眼發綠，直吞口水。我急忙扯他衣角，叫尋根繩來捆莫二娃。話音沒落，莫二娃嗷的一聲，做了倒地門板，這畜牲抓了一砣好肉就塞口中，我估計是小腿肉，因為我們卡脖子撬開他的嘴時，那牙縫還嵌著豎條的瘦肉絲。既然做老子的開了虎口，這一窩野種就瘋述了，當我們的面，一人搶一砣肉啃。唉，我們三個人六

115

隻手，揪住這個溜了那個，莫二娃的老四，九歲的狗剩，邊躲我們邊撕肉吃，還把耗子一樣尖的嘴殼戳進去，滋滋吮骨油。

保管惹火了，就出屋借月光裝了滿槍管火藥和鐵砂子回來，抵住莫二娃，我按住將他捆了。待把這男女老幼五口綁成一串，押到大隊時，天已大亮。

作為證據的碎骨頭裝了半背兜，頭顱也在屋旁土坎挖了出來，空空的骨器，外無面皮，內無腦髓，作案手段真是殘忍之極！大隊支書怒不可遏，權充法官升堂，莫二娃一家卻在階沿下嗚嗚咽咽，叫起冤來。他說：樹才妹生下來就缺奶，連米湯都沒沒喝飽過，好不容易熬到三歲，連路都走不穩，她命裡只該活這麼大。支書大吼：曉不曉得隨便殺人，國法難容？莫二娃回答：與其餓死，不如讓她提前咽氣救全家。二娃婆娘磕頭哭訴：我們全家都吞了觀音土，沒油葷過不去嘛，媽心疼的樹才妹喲，下輩子投胎莫變人了。

莫二娃一家被扣押一天就釋放了，大隊幹部們再三研究和權衡，決定為了官帽而壓下這起吃人案。"

威：人命關天，居然敢不上報？

鄭：我們當年審訊王解放時，也這樣問，連口吻都一樣。可他反問：上報了又能咋樣？國家都那麼困難。

威：還憂國憂民呢。

鄭：我說上報了就能剎住吃人歪風，人民政府再困難，也會發放救濟糧。王解放說：我們隊已經領過救濟糧了，一戶人 70 斤陳穀子，管一年，牙縫都不夠塞。

威：我在圖書館查過"三年自然災害"的一些原始材料，的確艱苦，連毛主席都穿打補丁的衣裳，自己在屋前開地種菜；國家主席劉少奇則去郊外揀野果，琢磨饑荒中的糧食替用品。中央領導們都紛紛要求降低生活標準。

鄭：這些報導我都清楚。我覺得這筆賬應該算在西南局書記李井泉頭上，他一直瞞著中央在搞統購統銷，都餓死人了還搞，還吹噓風調雨順，糧食吃不完，能調撥多少多少援助兄弟省。罷了，扯遠了，總之那年頭人命如草，不僅會計王解放，連吃人生產隊的隊長也抱我們的腿，痛哭流涕。

威：幹部也吃人？

鄭：有權力就有食物保障，當然不必吃人；可普通社員家，吃人風氾濫成災了。莫二娃一放，大夥私底下奔相走告，以為政府默許這

欢欣鼓舞迎国庆　　张乐平

張樂平
歡欣鼓舞迎國慶
《漫畫》半月刊封底　1959 年 9 月 23 日

樣做。由於重男輕女的傳統，非勞動力的小女娃就遭殃了，心狠的，就操傢伙在自己家裡下手；不忍心的，就抹把淚，與鄰居約定交換著下手，可這畢竟不是長遠之計。那時的小孩都骨瘦如柴，連皮帶肉，帶碾碎的骨渣骨粉，也不夠一門餓鬼吃幾天，於是稍有遠見的社員，就上遠處綁鄰隊的娃娃，還到處挖陷阱，設獸夾。有種外表塗過油的"糖果"叫"歡喜豆"，過去用於炸狼，現在沒狼，就成了小孩剋星，嗅著饞香，不禁送嘴裡咬，崩地就炸個面目全非。待家長們聞聲趕來，原地就只剩下一灘血漿了。

威：我讀過一篇文章，名字和作者都忘了，談到三年大饑荒中，某地發生過貧下中農圍剿地主和富農，當場宰殺，放入露天大鍋內煮熟分肉的事，那歡欣鼓舞的場面，令人久久難忘。您經歷過類似的"階級鬥爭"慘劇麼？

鄭：沒有，並對這篇文章的真實性表示懷疑。不得已而吃人的主要原因是饑餓，而不是階級鬥爭。土改伊始，剝削階級在歷次運動中都受打擊，吃人並不光彩，哪怕吃壞蛋，也只能偷偷摸摸，讓人民政府曉得了，一定會追查到底。

威：您是工作組長，政策水準高，您的水準並不能代表全國各地基層幹部的水準。

鄭：這個問題就不爭論了。

威：那吃人生產隊的案件是如何處理的？

鄭：進入司法程式，該殺的殺，該判的判，毫不含糊。不過《判決書》上，都略去了背景和原因，也略去了種種吃人的情節，因為是公開審理，要維護國家和集體的形象。莫二娃虐殺親女，又製造"歡喜豆"炸死鄰隊兩個男孩，以故意殺人罪論處。聽說槍斃時他還吼了幾聲"無罪"，把執行民兵駭呆了，結果換上正規法警，連發三響才栽進坑中。

威：後來呢？

鄭：啥子後來？

威：饑荒還在繼續麼？

鄭：一直到 62 年夏天，國民經濟才有所好轉。……

威：您們真是些廉潔的好幹部啊。

鄭：日日夜夜，滿腦子都是"吃"，不瞞你說，當年我還沒滿 30，都白頭了。可絞盡腦汁，餓死的人還是有增無減。61 年春荒過去，地裡依舊顆粒無收，別提社員，連我的腿都浮腫了，一擠就出黃水，走路搖搖晃晃。工作組其他三人，都因吃糠咽菜便秘，躺床上，翹著光屁股，互相用挖耳勺掏。有時堵得深，勺夠不著，就將勺把綁在竹籤上，再深度疏通，鮮血長流，被掏的人一聲高一聲低地呻喚，慘啊。

不過那時年輕，能打熬，實在撐不住，就借彙報工作趕回縣裡，休整兩天，在食堂大吃一番。縣城各機關單位都在政府的號召下，向農村捐糧票，但是杯水車薪，鄉下又流行吃人了。還好，沒吃活人，而是把死人身上肉厚處割下煮。

威：您們咋處理新一輪的吃人案件？

鄭：這是司法空白，沒法處理。撇開道德倫理，人肉畢竟比觀音土容易消化、吸收，雖然吃人（應該叫吃屍體）會染上多種疾病。社員們沒力氣，家裡死了人，就草草覆一層土，有時在掩埋之前，好肉就已經被自家人割了，所以，你就是當場捉住"盜墓賊"，也難以準確判斷、定罪。

威：啥子意思？

鄭：睜一隻眼閉一隻眼的意思。鐵的事實是，吃人比吃土的成活率高。我曾經在某農家大院，目睹過如此景象：六個食土過量的社員頭朝下豎躺在門板上，叉開腿，由他們的親屬把桐油灌進肛門。看見我出現，那些瀕死者都突然睜大眼睛叫：政府啊，我們沒吃人，死也不吃人啊！

我吩咐放平門板，社員們解釋說：桐油味道大，從嘴裡灌要反芻，浸不進肚腸，還是倒灌來得快。我說桐油有毒，用生菜油吧。社員們說：一兩年沒嗅過菜油味了，只要能下掉泥巴，漚爛腸子也甘心。我說不行，大家說行，爛腸子總比泥巴脹破肚皮強。

威：真是命賤如蟻。

鄭：我能再說啥呢，死馬當活馬醫吧。現在回想起來，中國農民真純善啊！……我們工作組是槍桿子之外的政策消防隊，哪裡有起火的情況就趕往哪裡。

古元
毛主席和農民談話
水彩 1951

李寸松
調動一切積極因素，正確處理人民內部矛盾
《漫畫》半月刊封面　1958 年 6 月 23 日

狗都不吃狗 人卻吃人

鐵流

《販賣人肉的劉兔丁和我所見到的"人相食"》

往事微痕

第 64 期

2011 年 1 月 11 日

那年，1960 年。毛澤東異想天開的"超英趕美"的"大躍進"不足 3 年時間，給錦繡的神州大地帶來滿目瘡痍。巢禽無樹，赤地千里，餓殍盈道，雞犬銷聲，不少地方發生"人相食"慘劇。我不但目睹人吃人的慘劇，還與一個吃人的人生活近半年時間，再有我的繼母就活活餓死在這個年頭。

1987 年我在（四川省）雷馬屏勞改農場馬家灣中隊"改造"，同組一個叫劉發貴的犯人就吃過兩個死孩子。他是個大高個子，凹額頭，細腰長腿，肋骨爆突，火氣特別旺。他是長工，有一手絕好的農耕技術，解放前長年幫地主幹活，三頓白米乾飯盡肚皮裝，年終還有一石二斗米的工資（約合 400 斤大米）。從來沒有餓過飯，也不知餓飯是什麼滋味。想不到解放後"翻身"十年後，連肚皮也撐不飽。

1960 年公社食堂的大鍋飯全是清水湯湯，除幾片菜葉外沒一顆米粒。他正當四十三、四歲的壯年，餓得眼花頭昏，渾身無力，走路老西看東瞅，只要能進嘴的東西就往口裡塞。在生命垂危的此刻，大隊支書五歲的小兒子患急性痢疾死亡，埋在住家後院墳壩裡。他餓，他饞，一下賊膽包天，竟在半夜三更摸去扒出死孩，拿回家洗洗涮涮，偷偷地煮來吃了。一月後村裡又死了個 3 歲孩子，他又扒來吃了。因做得不乾淨被村幹部發現告到公安局，法院以"傷害風俗罪"判處他有期徒刑 20 年。他不認罪，經常當著獄吏吼："我犯了什麼法？政府不要，供銷社不收，人家丟的，我撿起來吃了，就該勞改麼？"

獄吏不理搭他，讓他吼去。一次我悄悄問他：人肉什麼味？他說：挺細挺香。說完了補白一句："作孽啊作孽！狗都不吃狗，人卻吃人。為了活命有啥辦法？傷天害理啊，傷天害理！"看得出他很懺悔，這叫昧良心出於無奈。

……想不到在中共治下的 1961 年，卻發生了一起轟動全川的特大新聞：以人肉當兔肉賣……

賣人肉兔丁的人姓劉，住在小南街，世代經營兔丁。味道好刀工到位，在宜賓城裡小有名氣。在那個三月炒菜不見油，半月不聞肉香的 1961 歲月，哪家還養有兔子？生意關門，街市無聲，饑腸轆轆，食不果腹。劉兔丁兩口子和千千萬萬老百姓一樣，惶惶不可終日。一天他在街頭廁所邊撿回一個死孩，偷偷拿回打理，貪利的老婆眼睛一亮：我的老天，財氣來了！

他老婆是個嗜錢如命的人，會經營會盤算，且膽大妄為，什麼錢都敢賺。她立即煮熟砍碎加上佐料，拿到街口叫賣。一城是饑漢，一街是饞嘴，不到半個時辰，一盆人肉兔丁被搶購一空。買到的歡天喜地，沒有買到的垂涎三尺，誰也不知道這是人肉，還說好香好香。

有了錢就能夠買"高價糧"、"高價點心"。錢在任何時候都通神遣鬼，可貨源怎麼辦？他老婆眉頭一皺計上心來，竟然用糖果把不懂事的孩子哄騙到家裡來，用索子勒斃，然後下鍋煮切。劉兔丁嚇得發抖，連聲說：狗娃他媽，不能這樣喲，萬一被公安局抓住要掉腦殼的。他老婆是出了名的河東吼獅，把眼睛一鼓說：這年頭誰還管它公安局不公安局，聽說公安局的幹部也在吃死人。我弄好了，你給老娘拿到街上去賣，賣了把錢拿回來存銀行。

劉兔丁不敢反抗，乖乖地拿到街上去。每次都瘋搶一空，生意好得不得了。他們一連弄死了好幾個孩子，賺了大把大把的鈔票。人作壞事得了利貪心更大，就像賭徒在賭場裡收不往手。

俗話說："久走夜路必然碰到鬼"。他老婆貪心太大，一次把個弄死孩子穿在身上的毛衣扒下，竟給自己的狗娃穿上。那失蹤孩子的媽遍街遍城找孩子，一天終於發現了這件穿在狗娃身上的毛衣，再一打聽是劉兔丁家的，立刻心生疑竇，向公安局報了案，一追查兔丁貨源，劉胡編自然對不上，再去家勘察，床下一堆孩子白骨。還有什麼說的，證據俱在。老婆是殺童主犯，剝奪公民權利終身，判處死刑槍決於市；他是從犯，判處死刑緩期兩年執行。

劉兔丁對到監裡來改造很認罪，從不賴帳。每晚政治思想改造的學習會上，都能痛哭流涕把自己臭罵一頓：我有罪，罪大惡極，感謝黨和政府不殺之恩，我一定好好改造，脫胎換骨早做新人。我犯罪的原始思想根源，是好逸惡勞的資產階級腐朽思想在作祟……

"讓我吃一口"

賈雁
《翻開"人吃人"的血腥檔案 》
觀察網
2007 年

由於過去漫長的歲月中整人運動層出不窮，平反冤、假、錯案的工作量大得驚人，單靠法院工作人員顯然難以完成這項任務。中共中央同意各級法院在地方政府部門抽調幹部到法院幫助工作的要求。這樣很多縣又抽調諸如文教局、糧食局、文化館等單位的人員加入到這個工作組裡，我這個法律門外漢就因此而調入其中才得以大開眼界。

……

在到（四川省）彭縣法院聽彙報時，已經是十月份了。彙報是在縣法院的一個會議室內進行的。一個從該縣文化館抽調到工作組來的年輕人彙報了發生在大躍進後饑荒年代的陳年舊案："1959 年 3 月 27 日，某村婦女陳慧芳從十幾裡外的山上采野菜回家，煮熟後準備讓家裡的老人先吃。等她從裡屋把老人扶出來時，發現煮好的一鍋野菜已被其 9 歲的大女兒吃完，女兒因湯湯水水脹得太多，難受得在地上打滾，氣憤中陳慧芳當即將大女兒掐死，然後肢解煮食。判決認定該陳慧芳對社會主義大躍進不滿致人死亡的行為構成反革命殺人罪，判處死刑。"

這個年輕人又補充了一句："此案在審訊人員問犯人'為什麼對自己的親生女兒也能下此毒手時,該犯理直氣壯地回答說:'她把我們一家救命的東西都吃光了,那我們就只有吃她了。'"

聽著這令人毛骨悚然的彙報,全場鴉雀無聲,似乎每個人都在暗自叩問自己的良心,究竟誰才是釀成"人相食"這一慘劇的元兇禍首?但沒人願意、也沒有人敢於正面回答這個問題。在沉默的尷尬中,最高法院的郭振江冷冷地說道:"彙報下一個……"

只是那次彙報的場景氣氛已永遠永遠地定格在我這個年輕人的腦海,甚至可以毫不誇張地說,正是這些冤死鬼的命運促使我認定極權暴政是我不共戴天的死敵。

不久,另一則案例更堅定了我的抉擇,案例說:"1959年9月13日,某村富農之妻余氏,妄想復辟變天。當發現門外路過的小女孩趙豔(11歲,村民趙長東之女)時,將其拉入屋內,掐死後肢解燉煮,鍋內溢出的異味引起過路的一個民兵的警覺,將余氏當場抓獲,余氏反革命氣焰極其囂張,膽敢對民兵說'既然都煮好了,就讓我吃一口嘛,反正我都快死了'。"其判決書最後說:"該犯犯罪情節十分惡劣,不殺不足以平民憤,故以反革命殺人罪,判處死刑。"

就此打住,最高法院辦公廳郭副主任問溫江中級法院吳副院長:"這類案子還有多少?"吳答:"初步統計有二十七件。""這類案子怎麼辦?"郭回答:"我們只有帶回去(指帶回北京最高法院)研究處理,現在不要動。"

然而,其它政治類型的案件,中央和最高法院都先後出臺了相應的平反政策和處理辦法。唯獨這二十多件與人吃人相關的案子卻石沉大海杳無音訊。

辣椒肉

Frank Dikoetter
《毛澤東的大饑荒》
香港新世紀出版社
2011 年版

他們（四川當局）整理的名單裡詳細記錄了 16 名受害人和 18 個罪犯。

顯然，第一個吃人的是七十歲的女子羅文秀，她把兩個小孩的屍體挖出來煮熟吃了。有時候只吃屍體的某一部分，例如把馬澤民的心挖出來吃掉。這可能跟大多數屍體都已經重度腐爛有關。有些人吃屍體時撒上辣椒。

"人肉香"

《大躍進一大饑荒期間"人相食"現象之一瞥》

觀察網

2012 年

在大躍進——大饑荒期間（1958-1962），"人相食"現象從來沒有被公開報導過。只在新華社《內部參考》（1960 年 4 月 14 日）——一種中共黨內的機密檔裡——有過唯一的一篇報導。全文如下：

甘肅等地發現"吃人肉"案件十七起

本刊訊　據甘肅寧夏回族自沼區和貴州等地十一個縣市的統計，今年以來，發現"吃人肉"案件十七起。其中甘肅十一起，寧夏、貴州各三起。在這十七起案件中，慘遭殺害的有十五人（內小孩十三人），掘吃屍體十六具。從作案的二十二人的身份來看，地富反壞分子十一人，反動道徒二人，中農二人，貧農三人，小商一人，家庭婦女三人。

他們為什麼吃人肉？據初步瞭解，原因錯綜複雜。有的是發生在落後的少數民族地區，歷史上曾經有過"吃人肉"的野蠻惡習，如寧夏吳忠市吳忠公社丁明禮、丁秀英夫婦，竟將自己的七歲女兒殺了吃肉。在審訊中，丁秀英供認，以前在娘家就吃過人肉，早知"人肉香"。還有的為迷信吃人肉"可以治病"、"長生不老"。特別值得注意的是，有些地富反壞分子故意趁春荒的機會，煽動吃人肉，製造恐慌，藉以誣衊社會主義制度。貴州赤水縣一個名叫黃金安的地主（曾判過兩次徒刑，釋放後仍不悔改），去冬以來連續偷盜了三具屍體，到處散佈他要吃人肉，其實他並沒有吃。甘肅張掖市壞分子于興發企圖拉攏鄰居祁桂香共同挖屍，並造謠說："把人肉拿來吃了再說，這個壞年成，是飯堆裡餓死人，火堆裡凍死人，大小娃子都餓死了，你還想活嗎？"

對於這些慘無人道的兇犯，上述地區的政法部門均已及時予以嚴厲懲辦，並採取了措施，防範類似事件的發生。

（新華社《內部參考》第三零三二期，1960 年 4 月 14 日。美國明尼蘇達州遠東研究圖書館收藏）

張樂平
上北京
年畫

沒想到還那麼香

1

沙青

《依稀大地灣》

網路電子版

1988 年

死亡的感覺在饑餓的軀體裡膨脹。

（甘肅省通渭縣）這一戶農家只剩下父親和兩個娃。父親一動不動地偎在炕上，苟延殘喘。娃娃們的忍耐力並不一定比大人強，但最後一點可以吃的東西是盡娃娃們吃。現在，只有他們還能動彈。女娃比男娃似乎更多一點氣力。

終於，整天整天死閉雙眼再不說話的父親這一天從炕上歪歪斜斜地撐起了身。他給鍋裡添上水，又在灶膛點了把火。女娃被趕了出去。臨走她看見弟弟躺在床上。等她回來，弟弟不見了。鍋裡是一層白花花油乎乎的東西。她嚇壞了，整日呆在院子裡不敢進屋。她看見了，灶邊扔著一具白白的骨頭。她不明白這是怎麼回事。她只是怕極了。

隔了幾日，父親又從炕上歪歪斜斜地撐起了身。這一回他幾乎是爬著給鍋裡添上水，又在灶膛點了把火。然後，他招招手，用女娃從沒聽見過的聲音，斷斷續續地喚："來，來。"

女娃嚇得渾身發抖，躲在門外大聲哭。父親還在喚她。女娃哭著說："大大（爸爸），別吃我，我給你摟草、燒火。吃了我沒人給你做活……"

2

張大發
《金橋路漫》
甘肅省通渭縣作家協會
2005 年版

（甘肅省通渭縣）今寺子鄉寺子村的一位姓張的老人告訴筆者，他家門前有一條通往會寧縣、靜寧縣的大路，那時餓得沒辦法，早上還有個喝茶的毛病，茶葉喝了曬乾，曬乾了再煮著喝，就是苦於沒有襯茶的東西。有天早上他急得在路上打轉轉，偶然發現有一堆凍硬的人（文明用語），便從地上搬起來，抱回去在茶爐上烤消後襯茶，沒想到還那麼香！以後他每天早上都去找，竟然養活了自己。他還風趣地說："那年頭，本地人的（文明用語）不能吃，外地人的（文明用語）品質高，能養活人。"

3

楊顯惠
《定西孤兒院紀事》
廣東花城出版社
2007 年版

我害怕扣兒娘。扣兒娘的眼睛紅紅的，水汪汪的發著亮光。人們都說，吃過人肉的就是那個樣子。人們還都說，扣兒兄妹五個人，兩個哥哥跟他爸討飯去了，一個哥哥和一個妹妹死了，白天扔到山溝裡了，晚上她娘又抱回家，煮著吃了。

扣兒，扣兒！慶祥喊著跑進扣兒家院子，我從大門口看見他往人住的正房跑去了。像是扣兒不在那間房裡，慶祥又出來了，往院旮旯走去了，我看不見了。他弟弟在院子中間站著。但是突然之間慶祥飛一般地跑到院中間來了，拉了一把吉祥說了聲走！吉祥差點摔倒，趔趄了幾步跟著慶祥跑出大門來了。慶祥一付驚慌失措的樣子，眼睛睜得大大的，臉白得像是抹了石灰。我問咋了，他不回答，只喊跑，快跑！

我莫名其妙地恐懼起來，也跟著跑。一直跑得喘不上氣了，跑到人多的集市上，慶祥才停住腳步。我們都站著喘氣，然後慶祥才說了他為什麼瘋跑！他說他進了正房沒找到扣兒，出門一看灶房的門縫往外冒熱氣，他就又往灶房找去了。一推開門，扣兒娘正燒火哩，聽見門響，轉過臉來問他做啥？他說找扣兒拾地軟兒去。扣兒娘說扣兒去舅舅家了。他有點不信，昨天還一起拾地軟兒的，便問了一聲扣兒啥時間走的？扣兒娘說今早走的。他又問跟誰走的？扣兒娘說，你問這麼詳細咋哩？慶祥說，他剛進灶房就聞到一股怪味道，那味道是灶上的鍋裡冒出來的，鍋裡咕嘟嘟響。那氣味香得很。但是說著話，他突然看見扣兒的毛辮子搭在水缸蓋上。他以為扣兒藏在水缸後邊了，故意叫她媽說謊話騙他哩，就又喊了一聲扣兒並且走過去看，但令他驚愕是水缸後邊空空的，就是扣兒的辮子長拖拖地放在水缸蓋上。他立即嚇出了一身冷汗，腿都軟了。

後來扣兒娘又扭過臉問他：你站著咋哩？他看見扣兒娘被灶火照得紅赤赤的眼睛，嚇得他轉身就往外跑。

"饒了我吧，我不是人"

水蓮齋主
《捅破鐵幕救蒼生》
網路電子版
2007 年 9 月 18 日

離開家鄉已整整十年了，1959 年冬天，我突然收到從千里之外的西北老家寄來的家書，打開一看，驚呆了，簡直不敢相信自己的眼睛。

妻子在信中寫道："通渭大兵團作戰，掘地三尺，幹部把群眾家裡的糧食、蔬菜和所有能吃的東西都收光了，人們只有吃樹皮、草根、麥衣灰……村子裡的人餓死的餓死，逃走的逃走，已剩下的人不多了，家裡一點糧食都沒有了，倆個孩子快餓死了，我一點辦法都沒有了，你趕緊想辦法。"

收到信後我心急如焚，但我對党十分信任，對地方政府也十分信任，立即給當時的新景公社書記包漢華寫信詢問情況。當時我對包漢華也很信任，在信中不敢說家裡來過信，只是試探性地問家鄉怎麼樣？群眾的生活怎麼樣？

不久，包漢華回了信，在信中說："咱們地方農業大豐收，人民群眾生活提高了很多，到處一片鶯歌燕舞、欣欣向榮的美好景象，你把保衛祖國的事幹好，家中的事有我們照顧，你不要操心。"

接到包漢華的信後不久，我又收到家裡的來信，妻子哭訴道：「現在連樹皮、草根都被人吃光了，父親、叔父、兩個妹妹四口人已餓死了，現在到處都是死人，好些地方已經是人吃人，你再不管就來不及了。」

接到家信後，我立即向部隊請了假，坐上南下的列車，星夜兼程趕回家鄉。

列車經過四天四夜的長途顛簸，終於到了定西，一下火車，我就看見火車站到處擠滿了逃荒要飯的人，一問全是通渭人，我心情十分沉重。

從定西到通渭，沿途看到的情況越來越糟，到處都是挖野菜和要飯的饑民，我感到非常的心酸和難過。

一到通渭，情景更慘了，十村九無煙，白骨露於野，百里無雞鳴，從縣城到隴陽、隴山、新景，沿途一路，看到的不是路邊、田野裡，就是水渠、窟圈裡橫七豎八躺著的死人，有的剛剛死去、有的已經腐爛、有的被老鷹抓掉了雙眼、露出兩個黑窟窿、有的屍體只剩下骨頭架子，肉已被剃掉了，衣服和鞋還在骨頭上面連著。走到隴陽時，看見路邊的水渠裡躺著一位年輕婦女，懷裡抱著一個不滿兩歲的男孩，旁邊的竹籃裡放著一隻要飯的破瓷碗，孩子的兩隻小手緊緊地摟著母親乾瘦的脖子，張著乾癟的小嘴、睜著兩隻圓圓大眼睛，好像在說：「媽媽，我餓，我餓……」我躬下腰一看，她們娘倆早已沒氣了……

走到村口，我看見幾個小孩在地裡剜苜蓿芽芽，邊剜邊往嘴裡塞，前面扔著三四個白色的小骷髏，上面還長著長長的頭髮，好像羊羔的頭，我問，娃娃，你面前的那是什麼？他們說，是小孩的頭，並且一個一個給我指著說，這是誰家的娃娃，這是誰家的娃娃。

「你們不害怕嗎？」

「不怕，他們又不吃人怕什麼？原先我們還在一起玩耍、剜苜蓿著呢！」

幾個孩子瘦得皮包骨頭，眼眶都陷下去了，已坐不住了，爬在地裡或躺在地裡剜苜蓿。

進村一看，十室九空，慘不忍睹，有的房子已被拆成半截，有的連門扇、窗扇都沒有了。一問，說是換上糧食救上命了。村子裡的人，一個個臉浮腫得像大磨盤，胳膊、腿瘦得像乾柴棍，走起路來不是扶牆就是拄棍，一陣風都能夠吹倒，見了人，臉上沒有絲毫的表情，呆若木雞，好像沒有靈魂的軀體。我到各家轉了轉，看了看，有的一家人已全都餓死，關門絕戶了；有的餓死在炕上，沒人掩埋，都已經腐爛；

有的死人陪著活人睡，活著的人氣若遊絲，奄奄一息、已沒有力氣掩埋死去的人，只有眼睜睜地看著，睡在炕上等死……

所有能吃的東西都被饑民吃光了，人們只有吃草根、樹皮、喬皮、麥衣灰，抓食昆蟲、老鼠……甚至到野外撿吃糞便。到處的樹皮都被饑民剝著吃光了，樹也被剝死了，露出白花花的樹幹，幹部在上面用紅漿泥塗成紅的，還說社會主義的樹是紅的。

我走到一家門前時，敲了好長時間的門，沒人開。將門推開，走進院子，喊了半天也沒人應答。我又推開廚房門，裡面黑洞洞的什麼也看不見，過了片刻眼睛才適應了，我一眼就看見地上的水缸裡露出兩根白花花的小孩的大腿，我還沒有反應過來是怎麼回事，猛地從牆腳的柴堆裡沖過來一個蓬頭垢面女人，用鍋蓋死死壓住缸口，蓬亂的頭髮上沾滿了雜草，睜著一雙血紅血紅的眼睛，用乞求的目光注視著我，連連求饒道：“饒了我吧，饒了我吧，我不是人，我不是人。”

我的腿在顫抖，心在流血……

我不知道自己是怎樣從這家走出來的，出門後，我老遠又看見一個人，背著一個背簍，鮮血從背簍裡浸出來，順著他的褲腿，一滴一滴地滴在路上，陪我轉的支部書記武俊清喊了一聲，他就沒命的往前跑。跑著跑著，他突然跪在地上不動了，我們走上前問他，你為什麼不跑了，他說我腿軟的爬不起來了。我一看“天啦！”背簍裡面裝著兩根砍碎的，血淋淋的人腿……

大隊會計苟潤清接著說：“現在樹皮都剝完了，樹也剝死了，地裡能吃的野菜全挖完了，再也沒什麼可吃的了，有的人實在餓得不成了就晚上偷偷出去到野外背死人，然後在家裡煮著吃，有些人自己的孩子餓死後不扔，就留著自己煮著吃……”

縣誌裡的人食人

宋永毅

《大躍進——大饑荒期間"人相食"現象之一瞥》

觀察網

2012 年

儘管今天中共正式的"黨史"和"國史"裡大躍進——大饑荒期間"人相食"現象始終諱忌莫深,但在一些個別的縣誌裡,卻已經開始繼承了自古以來"秉筆直言"的史官傳統,對此作了一定程度的記載。以下是在數千本"縣誌"中的一些鳳毛鱗角:

(甘肅省高臺縣)由於"左"傾思想氾濫,"五風"(即共產風、浮誇風、強迫命令風、瞎指揮風、幹部特殊化風)猖獗,全縣農業生產遭到嚴重破壞。加之加大徵購,壓低農村口糧標準,1959 年冬,群眾生活已十分困難。1960 年元月,宣化公社櫃子寺大隊發生餓死人問題。在極度危急的情況下,縣委未能及時向上級反映真實情況,致使事態惡性發展,人員非正常死亡、外流劇增,甚至出現食死屍的嚴重情況。

(《高臺縣誌》,蘭州大學出版社,1993 年,第 375 頁)

(甘肅省通渭縣)年底(1959 年),全縣糧食實產 8385 萬斤,虛報為 1.8

136

億市斤。徵購糧占實產的 45.6%，人均口糧僅 70 多市斤，致使人口持續大量外流、死亡。…… 一些地方出現人相食現象。

（《通渭縣誌》，蘭州大學出版社，1990 年，第 25 頁）

（甘肅省臨夏縣，1960 年）全縣人均口糧在半斤以下，號召 "瓜菜代"。入春以來，更趨嚴重，因饑餓，野菜、榆樹皮刨光、剝光，能吃的全部用來延續生命，甚至發生人相食，絕戶現象。

（《臨夏縣誌》，蘭州大學出版社，1995 年，第 36、37 頁）

（甘肅省和政縣，1959 年）徵購量 "占總產量的 58%。口糧不落實，不少人以樹皮、草根、野菜、豆衣充饑……浮腫和死亡隨即發生。" 1960 年 1 月，"和政縣部分地方連續發生饑民偷食死屍現象。" 4 月間 "僅和政縣就死亡 920 人。" 三年間該縣非正常死亡數高達人口的 21.7%。

（《和政縣誌》，蘭州大學出版社，1993 年，第 207、24、86 頁。《臨夏回族自治州志》，蘭州大學出版社，1993 年，第 53 至 55 頁）

在數十年後出版的縣誌中只有極少量的有關 "人相食" 真相的記載，倒並不是修史人員的過錯。相反是中共國家的出版審查制度使然。例如，在今天的《張掖市志·大事記》中記載：張掖縣 3.72 萬人非正常死亡，占人口 11.6%。但是，這並非實際數字。據參與撰寫該書的張中式披露：張掖地區實際上民勤縣餓死了 13 萬人；張掖縣餓死了七、八萬人，全家死絕 98 戶，人吃人的 58 戶；高臺縣餓死了 5 萬多人；全河西 14 個農業縣餓死超過 40 萬人。但是在《張掖市志》送審中，後兩個數字，甘肅人民出版社刪去了……（張中式對作家趙旭的談話，據趙旭《夾邊溝訪談錄》發給本文作者的電子本）

沈豐明
大辦農業大辦糧食
紙面 色粉

吃過人的人眼睛紅紅

張大發

《金橋路漫》

甘肅省通渭縣作家協會

2005 年版

　　（在甘肅省通渭縣團結大隊，）我把話題一拉開，第一個發言的是廉正榮，他劈頭一句，我大媽（伯母）曾對我說：我吃人吃的太遲了，要不就把你大大（伯父）也拉扯活了。

　　廉正榮，一位樸樸實實莊稼漢，65 歲，但身體有些瘦弱，看表面比他的年紀還要老一點。他的直言不諱，給我留下了深刻的印象。

　　大媽就是這樣毫不掩飾？

　　其實，她對好多人都這麼說。廉武舉插了一句。廉正榮接著說，當時我問她：你害怕嗎？大媽說：人都餓瓜了，還知道怕是個什麼！

　　詳細瞭解，這位大媽家當時共有四口人：老兩口，一個兒子，一個女兒。兒子比女兒大幾歲，叫兔兒，實際上兔兒不是他們親生的，而是從華家嶺親戚家抱養的。就是因為抱養了兔兒，他們才養了個女兒，莊裡人都說兔兒腳底板好，給大媽他們帶來了好運，兔兒便改名旺兔，女兒跟著叫旺女，希望他廉家今後人丁旺盛。但後來再也沒生養過。但有這一男一女，老兩口還是很知足。因為人口少，老兩口又勤儉，光陰雖說不富裕，但日子還算過得去。更叫老兩口高興的是上面經常照顧他們，編互助組，成立高級社，首先入社的就是他們這些貧窮人家，尤其是人民公社化，老兩口十分積極，恨不得連自己都交了公。

　　1958 年食堂成立那會兒，旺兔剛滿 13 歲，但個兒很高，一頓能吃三、四碗飯，旺女也有 10 歲了……饑餓對善良的人更加殘酷無情。數九寒天，食堂關門了，原來在工地上混飯的旺兔父親，恰就在這個時候回來了，渾身腫得不像個人樣兒，他見旺兔媽瘦得幾根骨頭連根筋，臉上已經吃骨了，比鬼還可怕，旺兔和旺女吊著個大肚子，腿細得像麻杆，但僥倖的是他們還活著。這時隊上已經死了好多人，他回來的路上看見溝邊上、河灘裡到處都是死屍爛骨，有的被人刮去了肉，可怕得要命。

　　也就在這個時候，大媽打上了那些死人的主意，可是她怕老頭子，因為她知道自家老頭子的脾性，死不佔便宜，活不賣良心，更何況那種虎狼不如的事，他能允許嗎？所以她遲遲未敢動手。不幾天，旺兔父親餓死了，兩個娃眼看性命難保，心想橫豎是一死，吃了興許還能活著，還能保住廉家不斷煙火。於是，她開始在半夜裡提把鐵鍬——那還是老頭子從工地上帶回來的——背個背篼，向溝邊走去，背回來點，趕在天亮前煮了給孩子們吃，重點照顧對象自然是旺兔了。旺兔也不小了，漸漸意識到媽給他吃的是什麼，有時候他同媽一起出去，弄到東西幫媽背回來，後面的事情就由媽做了。

但即便是這樣，妹子旺女還是沒有活下來。那是一天下午，旺女死了，正好有幾個幹部闖進來，好像是查看什麼，鬼鬼祟祟、擠眉弄眼的。當他們發現死了的旺女，便抱出去扔在河灘上。那天晚上，旺兔娘倆又來到河灘，黑暗中看見一個死娃娃，旺兔不管三七二十一，架在肩膀上扛回家，才發現是自己的妹子。旺兔媽罵了幾聲旺兔，叫他背出去扔了，旺兔還是老樣子扛著妹子出去，好大一會兒他又扛著回來。娘兒們爭吵了一會，但到底還是旺兔勝利了。人們還發現，廉四維的瞎眼姑娘死了以後，也是大媽娘兒們充了饑。

……

通渭有個習俗，凡喪葬大事都要有"吹響"（即嗩吶鼓樂）。廉武舉就是個吹嗩吶的。他70歲了，但身體很不錯，他給我的第一印象是十分謹慎，或者也是個"老實得轉不過彎的人"。那天，我給他們贈送我自己寫的字畫時，別人都收了，只有他拒絕了。但對我的訪談卻頗為熱情，有話就說，毫不顧慮。

他說：1963年，第三鋪申家溝一家姓申的遷墳，請我們去吹，當把墳墓挖開後，看見兩塊木板上葬著兩具屍體（當地人稱實填），竟然都沒有頭，更驚奇的是其中一具屍體的胸腔裡亂鼓咚咚塞著一疙瘩頭髮，還有髮卡之類的東西。大腿和臂膀上還有很明顯的刀痕。在場的人都驚呆了，姓申的也把臉綠了（方言：因驚恐兒臉色失常）。主事的問他怎麼回事，姓申的也說不知道。

這事引起眾人的各種猜疑：老兩口是怎麼死的？怎麼埋的？為什麼屍首不全？一時眾說紛紜，一步臨近，但誰也沒聽說過這裡曾發生過兇殺事件，最後還是歸結到五九年。

他說，這家住的是個獨莊兒，離村子較遠，那年頭很少有人去。有人判斷，老兩口餓死後，有肉的地方都被刮去，並掏走心肝肺，最後連頭也割去。

"把我的心挖出來吃"

楊繼繩
《墓碑》
香港天地圖書有限公司
2009 年版

在枯燥的死亡數字後面是血淋淋的故事。長期任甘肅省婦聯主席的李磊，是延安時代的老幹部，在 1956 年至 1961 年間，她任中共臨夏回族自治州委書記處書記。在此期間，由於說真話，一度被打成"右傾機會主義分子"，1960 年 12 月的西北局蘭州會議以後平反。在她 81 歲的時候（1999 年），她自費印了一本回憶錄《悠悠歲月》，這是一本很有資料價值的書，事情都是她親身經歷的，完全可靠。其中，對臨夏在大饑荒的情況提供了鮮為人知的資料。現摘錄幾段如下：

1959 年 12 月 9 日，我下放到和政縣蘇集公社。這裡群眾沒有糧吃，餓得乾瘦、浮腫，有的凍餓而死。榆樹皮都被剝光吃掉了！有一天縣上來電話，說張鵬圖副省長要到康樂視察，命令我們連夜組織人把公路兩邊被剝光皮的榆樹，統統砍掉，運到隱蔽的地方去。人都快餓死了，哪有力量去砍樹、抬樹？我們辦不到，留下榆樹正好讓張鵬圖副省長看看。可張省長沒有來。當時和政縣委書記第一書記是薛振田同志，為了保住烏紗帽，竟如此不顧人民死活！

一次，我去臨夏向葛曼彙報吃樹皮、餓死人的情況。葛曼根本不相信，說那是地主、富農在搗亂，故意製造假情況，是給我們臉上抹黑。我說，討飯、吃樹皮、餓死的都是貧下中農呀。他說，富裕中農不敢出頭，故意讓貧下中農那樣幹的。你說的餓死人是因疾病而死，是正常死亡。他還讓我去反瞞產私分，把糧食找出來，說在某公社搜出了幾百萬斤糧食。葛曼整天坐在州委辦公室裡，不下去看看群眾吃什麼，不看看群眾怎樣在死亡線上掙扎，卻在臨夏大興土木，

142

營造四大公園：紅園、綠園、藍園等。這像一個共産[殘缺]
實是共產黨的臨夏州委第一書記。

何承華到河西視察，汽車陷在泥裡。群眾看是省領導[殘缺]
顧身地跳進冰冷的泥水，把汽車推出來。他卻認為群眾能推動[殘缺]
吃。就讓農民報總編黃文清寫了一篇為《農村一瞥》，這一瞥[殘缺]
少人。因為他們認為農村有糧食，就不供應了。

據中央派到臨夏市工作組 1961 年 3 月 18 日的報告，臨夏市 19[殘缺]
1960 年兩年共死亡人口四萬一千三百八十一人，占人口總數的 8.7%。死[殘缺]
在 15% 以上的有馬集、韓集、紅台、乩（讀 qie）藏四個公社。有些生產隊[殘缺]
小隊人口死亡達三分之一以上。

紅台小溝門生產隊共有人口一千二百六十七人，死亡四百一十四人，占總
人口的 32%。

乩（讀 qie）藏公社錦光九小隊一百零六人，死六十七人，死亡率 63%。

全市死絕三百八十八戶，留下孤兒一百多名。有的生產隊一天就死二十多
人，人死後無人抬埋。

尹集公社鐵寨生產隊兩個蘿蔔窖裡就挖出六十多具屍體。

紅台公社陽窪李家莊貧農馬有卜全家十口人，全死在炕上，屍體腐爛了沒
人埋。有的婦女死了，小孩還爬在母親屍體上吃奶。

不少地方發生人吃人的事件。臨夏市全市十個公社，四十一個生產隊，
五百八十八人吃掉三百三十七具屍體，其中，僅紅台公社就有一百七十人，吃
掉屍體一百二十五具、活人五名。

小溝門生產隊八個作業隊，有六個隊發生吃人的情況。二十三戶吃掉
五十七人。有的父子、母女、夫妻、兒女、姐妹相互殘食。有的吃剛死的人，
有的吃埋了七天的人，甚至埋了一個月的人也被吃了。

乩藏錦光生產隊，馬希順吃了病人的屍體，自己死了，全家十一口人也全
部死掉。社員白一努先後吃了八個死人，其中有父、妻、女、三代人。

乩藏公社貧農社員馬阿卜都，餓得奄奄一息時，囑咐其女馬哈素非說："我
身上的肉沒有了，我死後可把我的心挖出來吃。"馬死後，其女就把他的心挖
出來煮了吃了。

乩藏公社團結生產隊貧農社員馬一不拉夫妻二人把自己 14 歲的女兒活活
吃掉，馬死後又被其妻吃掉。

紅台公社小溝門作業隊李尕六吃了自己的兩個死孩子。李尕六死後又被社
員胡八吃了，胡八死後，又被肖正志吃了。

……省黨的幹部嗎？但他確確實
……的汽車，許多人看不
……動汽車，一定有權
……不知餓死了多
……059年，
……亡率
……和

……同義著《恍若隔世——回眸夾邊溝》
……修系訪談錄》轉述）

杜斌
《毛主席的煉獄》
美國明鏡出版社
2011 年版

背夫回家

"我不願意把自己埋在這裡……。"說著說著。男人頭往膝蓋上一垂。死了。

按照男人的囑託。難友們。用他的被子和毯子。把他一裹。塞到窯洞角落。等他女人。來收屍。

男人死後第二天。掌權者帶人來掩埋了。

女人來晚了幾天。女人三十多歲。在之前的三年多時間裡。女人每隔兩三個月。來看男人。帶來吃的喝的。

女人知道男人死了。女人哭了。

零下十七八度。三天三夜。女人只喝了一茶缸涼水。

女人的男人。三十四、五歲。被人從土裡扒出來。扔在沙窩上。腿上和臀部的肉讓人刮走吃了。僅剩下一個骷髏頭留在骨架上。女人把男人火化。燒出一堆骨頭。背回家了。

這是 1960 年 11 月的一天。女人來自數千公里外的上海市。男人不顧親人反對。隻身來中國大西北甘肅省。自願支持建設。男人被打為右派。押到夾邊溝農場勞教。

男人是近三千名餓斃在夾邊溝的右派分子之一。能躺著被親人背回家。幸福。

天賜寶地

夾邊溝勞教農場。像個遺世獨立的王國：位於中國大西北甘肅省酒泉市三墩鎮。南面是高聳入雲的祁連山；北面是沙漠戈壁（騰格裡沙漠和巴丹吉林沙漠）；在高山與沙漠戈壁之間。發源于祁連山向北流入沙漠戈壁的無數條內陸河的兩側。就是一個個所謂的綠洲。夾邊溝農場。就座落在這樣偏僻荒涼的綠洲上。

夾邊溝農場興建於 1954 年。初為勞改農場。再為就業農場。後為勞教農場。把進出農場的汽車管好。誰還能 "飛" 出去不成？

這兒怎麼看都不像是給人類生活的地方：酷暑時溫度可達攝氏五、六十度。酷寒時溫度可達攝氏零下三十度；雨量極少。有時一年都不降雨；夾邊溝農場接近風沙地區。是嚴重鹽鹼化的沙土地；能存活的只是少數幾種耐鹼性強的植物。春季農作物以小麥為主。秋季以穀子、糜子、洋芋為主。野生植物單一。

夾邊溝勞教農場。生產效益。年年虧損。

國家的公敵

1957 年 4 月。甘肅省篩選右派分子。先後有三千兩百人被送到夾邊溝勞教。

黨給這些人設下熱情洋溢的圈套：要愛党愛國就必須給黨提意見。
一旦提了。好。進套了。鼓勵你不要停。往下提。然後猛然兜頭一棍。就被打倒。成為莫名其妙的反黨賣國的右派分子了。還有的是沒完成右派指標的單位補漏補進來的。

掌權者繼續設圈套：擺在右派分子眼前只有兩條路：一是回原籍。與黨和人民一刀兩斷；二是勞動改造。保留幹部身份。以後還可以回到黨和人民的身邊。

傻瓜們幾乎都選擇了後者。

劉浚
《南都週刊》
臭名昭著依然繼續。2010 年 10 月，夾邊溝夾肉 50 周年，在 "右派" 當年生活過
的甘肅酒泉戈壁灘，現存的遺跡仍能看到 "右派" 居住的地窩子的模樣。

右派分子扛著行李。提著大箱子、皮箱。很威風地來了。他們以為夾邊溝農場是個世外桃源。

右派分子。大多是高級知識分子和政府機關的幹部。百分之五十讀過大學受過高等教育。年齡一般在二十多歲到三十多歲之間。

後來。他們帶來的物件。都歸屬活下來的人所有了。

改造地球敢死隊

努力改造。黨才原諒。

在一年半多的時間裡。除了農忙。右派分子。幾乎天天在嚴重鹽鹼化的荒地上。挖排鹼溝。勞動強度大且有害。對那些拿慣了筆桿子和教鞭的書生來說。挖排鹼溝。無疑是一道鬼門關。

有的右派受不了重體力勞動。自殺了。

扭虧為盈

幹活要吃飯。

剛來時。右派分子糧食定月定量為二十公斤。僅能提供數百人吃喝的夾邊溝農場。一下子容納近三千人。糧食和居住的地方都不夠派遣的了。

1958 年底。農場核算的帳面上。盈利三元人民幣。

仇恨月亮

把右派送來夾邊溝。是為了改造思想。其次是改造大自然。

黑白晝夜地幹活。不給思想喘息的時間。

右派們能坐下來休息。那是為了讓一起幹活的牲口休息。

"我特別恨月亮,"倖存右派席宗祥說。"……自從來了夾邊溝,只要是有月亮的日子, 夜裡總是加班,翻地,割麥子,挖排鹼溝,播種……狗日的月亮都要把我們的血汗榨幹了。"

苦中苦

四十六人因為偷吃牲口飼料、 偷盜、發牢騷、無力勞動等犯罪行為。而被法院以"抗拒勞教罪"判刑三年到十年。

死神來訪：共產黨不會冤枉一個好人

肚子叫得越來越響了。

1959 年糧食定量減為十三公斤。然後十公斤。每天只有半斤糧食。體力嚴重透支的右派分子開始挨餓。一病不起。當年 6 月。開始餓死人。

從 1957 年 4 月到 1959 年 6 月。近二十個月。是右派分子們的勞累史；而 1959 年 6 月到 1960 年 12 月底。十八個月。則是右派分子們的饑餓史。

右派分子拒絕逃跑。認為這是黨在考驗自己的忠誠。

滅種

農場掌權者。讓右派分子勞動：滿地去抓吃的；捋樹葉、搓草籽、逮老鼠、挖蚯蚓、捉蜥蝪⋯⋯直到把能塞進肚子的。都捋絕、搓絕、逮絕、挖絕、捉絕了。

賊骨頭

一個正直的知識份子右派。做了著名的賊頭。

肛門之戰

吃草籽。榆樹皮磨成麵粉。煮熟充饑。產生便秘。

互相用小木棍或者吃飯的小勺子掏肛門。排泄物猛地得到釋放。常噴掏者一臉。

肉體打工

零下三十度。一個年輕女右派在管教幹部面前脫下褲子⋯⋯。

給肚子掙兩個饅頭。

懸賞

右派的糧食定量一減再減。大量死人。

倖存右派關維智寫道："吃人肉也是司空見慣……死人都在夜裡。白天不死人。早上起床看誰沒起來。一摸嘴上沒氣。我們還有一口氣的難友就將他用他的被褥一包。用繩子先把頭部捆好。渾身用麻繩纏幾圈。然後把雙腳捆死。四個人。一人一角抬出去。挖坑也沒力氣。只鏟個小溝。把屍體放進去用土蓋住就完事。"

為激發右派的埋屍熱情。掌權者規定：每幹一單生意。給兩個饅頭。

每天例行活動：打飯吃飯撒尿睡覺
每頓飯只能喝一碗稀粥。熱量不夠。
掌權者命令：吃喝拉撒都躺著。"以減少體力的消耗"。

發揮餘熱：以人為糧
右派魏長海。煮食人的內臟。他說：反正吃的是死人。"就叫他為我們做點貢獻吧……"
他活著走出了夾邊溝。

不安分的代價
一個工程師。餓。暗地裡吃徒弟的嘔吐物和排泄物。
餓。逃跑。狼吃了他。剩下一小塊頭皮的顱骨。
夾邊溝掌權者。驚詫。還以為弱不禁風的工程師。逃脫了。

找營養
夾邊溝掌權者。沒有被餓死的：吃白麵膜；吃精緻菜；吃飽。
掌權者請右派分子。提合理化建議：如何找糧食吃？
右派分子的建議得到實施："在大便裡找糧食。大便裡的麥粒乾淨還可以吃。尤其在幹部的大便裡找營養。"

狼執政
每天。都有數十人死去。夾邊溝掌權者向上級政府彙報。
一位堅定的老革命掌權者訓斥："死幾個犯人怕什麼？幹社會主義哪有不死人的……"

天還不黑。狼群就出動了。

它們專門吃死後剛剛埋葬但又埋得很草率的屍體。有時還向活人進攻。一隻隻都吃得肥肥的油光鋥亮的。

狼高興得快死了。

無福消受
一個右派長期挨餓。一頓暴食。脹死。

抱歉　全世界不能為您降半旗
"我離開蘭州到夾邊溝勞教，整個蘭州市為我降半旗。"右派由天在夾邊溝勞教農場經常如是說。其他右派認為她患上精神分裂症了。"要是我死在這裡，全國人民都得向我致哀，降半旗，"她說。"全世界降半旗。"

掌權者只給她吃了一點苦頭。

但她得以倖存。

留幾個活口　昭告天下
"搶救人命。"黨說。

綜合夾邊溝、附近農場以及逃跑出來的傻瓜們。"搶救"出活人不超過六百個。

1960 年 12 月 31 日。右派們可以回家吃飽飯了。

1961 年 10 月。夾邊溝勞教農場撤銷了。

夾邊溝沒有一個餓鬼
打掃衛生。夾邊溝農場醫務所所長。被滯留六個月。這位醫生的工作。是給所有死去的右派。增補死亡病歷表。讓每個人死得都很體面：心力衰竭、心臟病復發、肝硬化、肝腹水、腸胃不適、中毒性痢疾……幾乎將中華醫典上的疾病名稱全部用上了。

"我給沒有病歷的死者編造了病歷，給病歷不全的人補全了病歷。"這位醫生說。"假如將來有人翻閱這些病歷——如果病歷不給人毀掉的話——他將會發現這些人死亡的原因是很正當的，無可懷疑的。"

劉浚

《南都週刊》

屍爛灘上沉冤難雪。2010 年 10 月，夾邊溝夾肉 50 周年，在 "右派" 當年生活過
的甘肅酒泉戈壁灘，掩埋的遇難者衣物被暴露在戈壁灘上，3000 多名 "右派"，
有超過 2400 名葬身於此。

毀屍滅跡

不多不少的右派們的骨頭。每天仰著臉。瞅著太陽起來落下。落下起來。起來落下。

數十年。綿延一公里長的累累白骨。頭髮還沒爛盡。骨頭還沒爛盡。棉布襪子還沒爛盡。棉布背心還沒爛盡。裹屍體的棉被還沒爛盡。隨身攜帶的小鑰匙還沒爛盡。捆屍的、自家帶來的繩子還沒爛盡⋯⋯
只有加害者爛盡了。

夾邊溝農場。就這樣無聲無息地死去了。
先是被開著坦克的軍隊來徵用；接著移交給地方管理。將農場更名為林場。林場總面積十一萬畝；最後⋯⋯有人來找親人遺骨⋯⋯但現在哪裡還找得到呢。

受累諸位

在昔日的夾邊溝勞教農場——今日的長城林場。貧窮的移民遷來了。政府給移民們打深井。通電。解決所有困難。移民都住下來。再不想回去了。推土機推地。推出來的人頭和大腿。隨手就扔了。
現在。骨頭都不見了。

党在夾邊溝立一尊移民紀念碑。謝謝移民作出的"貢獻"。

國家機密

"好長時間我都在想，毛主席⋯⋯不知道我們在農場裡受這樣的苦，他知道了會解救我們的。"倖存者鄒永泉說。"可是我又想，毛主席不會不知道我們受的苦，受的罪。他那麼聰明決斷，甘肅省委能瞞了他？"

無望之鄉

所有右派分子。都埋在夾邊溝農場了。
在 1960 年。右派高吉義。從夾邊溝農場逃跑。四十年後的今天。仍在逃跑。直到死去。

他在生前說："我一輩子都在逃跑。"

捕食活人

楊繼繩

《墓碑》

香港天地圖書有限公司

2009 年版

2000 年 8 月 9 日，在本書作者召開的通渭縣的老幹部座談會上，幾位親歷者講述了當年的慘狀。

他們說，《通渭縣誌》上的數字是向中共西北局彙報的數，是縮小了的，實際是餓死了三分之一。當時，70% 以上的家庭有死人，有的全家都死絕了。大量屍體沒有人掩埋。

1959 年初冬，全縣餓殍遍野。城關公社五星大隊舊店子三個生產隊共七百人，每天餓死三十多人，活著的人將屍體抬到木輪車上，拉到附近的水溝裡集體掩埋。原雞川公社馬清鳳（後為幼稚園園長、特級教師）一家八口人，除她在隴西師範上學沒有餓死以外，其餘七人全部餓死。七具屍體堆放一坑。後來縣裡要求"打掃衛生"，命令隊裡將土坑踏陷，表面上看不出痕跡。

參加座談會的敬根年老人退休前是縣人大主任，當年是省冶金廳幹部，是派來解決通渭問題的工作組成員。他說，1959 年秋天，他們來這裡看到炕上、路上、田間、地頭都躺著人，死人活人不分。工作組給還活著的人灌湯搶救。當時不怕死人怕活人。死人太多了，不怕。活人要吃人，害怕。人吃人的事發生不少。1960 年 2 月，他到中林大隊（屬城關公社）搶救人命，大隊長劉廷傑把他們領到王家莊，看到一家煙囪裡冒煙——那時候幾乎是見不到炊煙的。他們進去的時候看到鍋裡正煮著什麼，劉廷傑揭開鍋蓋的時候，他們看到鍋裡煮的是人肉，記得吃人肉的那女人是個麻眼兒（方言，指眼睛不好或瞎子）。敬根年強調說："這是我親眼看見的。鍋裡有只胳膊還連著一隻手，看那手才知道是個小孩子。"後來又到襄南公社的吳家河，大隊長董效元告訴他們說，黑石頭大隊的蔡東花吃過人肉。碰巧他們正好見著了這個女人，眼睛紅紅的，頭髮脫落得很厲害，一頭的頭髮茬子，很可怕。她還吃了自己親生的不到五歲的女孩。問她為啥要吃的時候，她說餓急了呀。

那時人吃人的現象不是個別的。1980 年，新華社記者傅上倫、胡國華、戴國強三人到通渭採訪，隴陽公社王書記對他們說："三年困難時期，我家那個村裡一個不到 30 歲的婦女，把自己女兒的肉煮了吃了。她男人從新疆回來找女兒，村裡人都替她打掩護，瞞過去了，因為村裡吃人肉的不少。那時人餓急了，餓瘋了，提著籃子出去，看看倒在路邊的死屍上還有可吃的肉，就割回家去。你們去看看公社門外曬太陽的人，他們中間有一些人是吃過人肉的。"

王書記當年在引洮工程上勞動，回家一看，老婆、妹妹、孩子都餓死了，全家一共餓死五口人。

2000 年 8 月，我到通渭召開座談會時，通渭縣政協幹部張大發在座，他是《通渭縣誌》的編者之一，對這一段歷史比較熟悉，也有研究的意願，還可以查閱通渭的歷史檔案。我建議他抓緊時間，搶救資料。在我這本書已經完成的時候，收到了張大發的著作《金橋路漫》，他走訪了很多當事人，搜集了大量的第一手資料，其中也有很多人吃人的事件。現摘錄部分內容如下：

原碧玉公社玉關大隊朱家峽生產隊朱西，明裡在草垛、地埂間捕食老鼠，暗中偷食人肉，後來將一窩蜂一次煮食，中毒致死。

一個只有四口人的家，兒子已經餓死了，剩下奶奶、兒媳和一個孫女。一天孫女也死了，年輕的媽媽望著死在院中的女兒發愣——她無力哭泣，哭也沒眼淚。就在這時，奶奶從屋裡爬出來，拖起孫女乾柴一般消瘦的屍體，向後院走去。過了一會，年輕的媽媽來到後院，發現孩子已被奶奶碎屍後煮進了鍋。後來，這個煮食孫女的奶奶也沒能活下來，大概"罪孽深重"。

通渭縣中醫大夫盧念祖（已故）回憶說：1959 年臘月，他三媽帶著女兒到河溝裡刮人肉，開始還頗有收穫，後來去的人多了，碰上一具屍體，連骨頭割下來幾個人打平和（方言，即平均分）。一天他三媽煮了一條人腿，端給奄奄一息的他三爸吃，他三爸不忍吃，擺手示意讓其端出去。可當他三媽剛端出客房門，就被幾個聞腥趕來的饑民搶吃一光。不幾天她三媽失蹤了，人們在莊後的地埂下發現一雙女人的小腳，從鞋襪上認出是他三媽的。

饑餓者捕食不到死人，便捕食活人。原隴陽公社車家岔大隊盧家莊生產隊社員盧雄娃在串親途中被饑民弄死，刮去了全身肉。雞川公社某村一家社員，丈夫在外地工作，聽說家鄉發生饑荒，寄來了十多斤糧票。這女人把面買回來後，反鎖大門，數日不出。好些天過去了，村裡的人還不見這家門裡有人走動，翻牆進去，幾個孩子早已餓死了，但不見這位女人，以後也不知下落。70 年代初竟東窗事發，原來這位女人棄下兒女，背著面逃走，但她還沒走出村莊就被人殺後吃了。案發後，有人追查，但殺人者早死了，死無對證，不了了之。

原隴陽公社周店大隊大灣生產隊張四娃，用木棒子將 12 歲親生女打死煮食，後來這一家四口人無一存活。申家山中年婦女牛某某，把四歲親生女兒弄死後，碎屍煮食，也屬同例。

還有一位幹部身份的人向我們講述了一個關於他家的故事。他說，當時，我們家有六口人，父親去了洮河水利工地，我和弟妹由母親拉扯著。母親是一個很有心計的人，不知在什麼地方藏了點糧食，每當深更半夜，弟妹們睡熟了，母親悄悄地把我叫醒，將一把用石窩（方言，即舂）踏細的熟面塞到我口裡，然後用被子捂住我的頭，等我吃下肚子，她才安然睡去。母親為什麼只給我吃，而不給弟妹們吃呢？當時，我只有 12 歲，只覺得媽媽偏心我，至於更深的意思，我就不知道了。有一次，我看見母親望著皮包骨頭的弟弟妹妹臉上顯得非常痛苦，問她怎麼啦，母親搖搖頭，什麼也沒有說。不久，弟妹們都死了。過了一年，大約是 1961 年春，父親從洮河回來了，母親把我交給父親說："沒辦法，我只給你拉扯活了一個，就……就一個了呀。"話沒說完，便"哇"地一聲哭倒在地上。父親把母親抱到炕上，也跟著哭。這時，情況已經好多了，可是母親整天哭得爬不起來，任憑我和父親怎麼安慰也無濟於事，不久，母親的眼睛哭瞎了，那時，她才三十多歲。一天天，我也長大了，我終於悟出了母親當年的用意，她是為了保住我家的"香火"。

在第三鋪鄉一個偏僻的山村裡，一對夫婦養了五、六個孩子，連他們自己一共七、八張口，怎麼養活？到了無可奈何的時候，當母親的把一個六、七歲的女孩扔到野地裡。可孩子並沒有死，母親看到那雙翻動的眼睛，那雙乞求的手，不忍心又把她抱回來。可是抱回來還是活不成，為了保住惟一的兒子，最後又狠心扔出去了。也許老天不要她的命，她抓吃身邊的野草，竟然活下來了。她現在也成了孩子的母親，想到那時的情景，她會有什麼感慨呀！還有這樣一位母親，她煮吃了小女兒，大女兒似乎覺察到了什麼，拽著媽媽的衣襟央求道："媽媽，你不要吃我，等我長大了給你添炕哩！"

那年年底，事態更為嚴重了。能逃的逃，不能逃的等著死，死了還有誰掩埋他們呢？幸好是冬天，屍體僵而不腐，否則將是怎樣的一番情景呢？更可恨那年月裡的老鼠，常常成群結夥出來行劫，將屍體啃得不堪入目。

北京八二一工廠
中國共產黨萬歲！（年曆）

對不起冤魂

1

Jasper Becker
《餓鬼：毛時代大饑荒揭秘》
美國明鏡出版社
2005 年版

在青海德令哈農場，被派到地裡澆水的（勞改）犯人挖出了淺埋的屍首，割下大腿、臂膀和胸部的肉，冒充牛羊肉和駱駝肉去賣。買主雖然懷疑，但是也沒有人去刨根問底。

2

李銳
《大躍進親歷記》
廣東南方出版社
1999 年版

作家王立新 1980 年代曾赴鳳陽採訪過，他在報告文學中寫道：梨園鄉小崗生產隊嚴俊冒告訴我：1960 年，我們村附近有個死人塘，浮埋著許多餓死的人。為什麼浮埋？餓得沒力氣呀，扔幾鍬土了事。說起來，對不起祖先，也對不起冤魂。人餓極了，什麼事都幹得出來。我的一位親戚見人到死人塘割死人的腿肚子吃，她也去了。開始有點怕，後來慣了，頂黑去頂黑回。我問她："怎麼能……？"她歎息道："餓極了。"

3

唐德剛
《安徽餓死人的實例》
凱迪網絡
2011 年

最不忍卒聽的是，人死了留在家中不敢埋葬，因為饑民往往于夜間盜墓，偷吃死屍也。更無法卒聽的是父母往往乘幼年兒女熟睡時，用枕頭或被褥把他們悶死，然後與鄰人交換"蒸"食。這就是古史上所說的"民易子而食"活生生的現代版。朋友，您說是誇大嗎？實例至多，鄉人言之鑿鑿，吾為之戰慄不已也。

"幹嘛還留著孩子？"

Jasper Becker

《餓鬼：毛時代大饑荒揭秘》

美國明鏡出版社

2005 年版

……我們這個村（安徽省鳳陽縣一個村莊）有一多半人都餓死了。其中大多數人是從 1960 年初到四、五月這段時間餓死的。我們的一戶鄰居，一家三個男孩一個女孩全餓死了。

我哥哥家的兩個孩子也都餓死了。

有一家十六口，一個沒剩全戶死絕。生產隊長的兒媳和孫子也餓死了。後來隊長把那孩子的屍體煮了吃，他自己也還是死了。

我們村小學教師餓得快死了，他跟他老婆商量說，'咱們幹嘛還留著孩子？咱把他先吃了，咱們還能活下去。以後再生孩子就是了。' 他老婆拒絕了，結果這個丈夫就餓死了。

餓死的人多了，都沒人去收屍。那些屍體既不變色也不腐爛，因為只剩下皮包骨頭，沒血也沒肉。

地裡有整個的死人骨架子

徐志堅　口述　王海燕　整理
《三年困難期間小姑一家的遭遇》
炎黃春秋
2007 年第 3 期

　　"弟弟死後，我們也把他埋在了（安徽省農村）村東南的亂葬崗子。可是第二天我走到那兒，發現埋弟弟的那個地方被人扒開，弟弟不見了。回來我告訴了大哥和姐姐，大哥什麼話也沒說，姐姐只嘟囔一聲'不知是哪家'……那陣子常常發生把死人挖出來弄走的事，主要是弄小孩……"夫美說得含蓄，還吞吞吐吐的。我聽說過這種事，但還是問了一句："弄走幹什麼？"

　　"吃了啊！……堅哥，我不是亂說，這是真的啊！我弟弟就是被村裡的那個吃人的寡婦吃了！"

　　"吃人的寡婦？！"我一驚，"這是個什麼樣的人？"

　　"我叫她孀子，我爹跟她家我叔是一個老祖父。她有三個孩子，老大是女孩，跟我同歲，我們挺要好，常在一塊兒玩，下面還有兩個男孩。孀子平時可賢慧了，脾氣也好，可那時村裡的人都知道她弄死人肉給她的孩子吃，說有人看見了。我弟弟也是被她弄去吃了，這是姐姐後來告訴我的，她在她家看見了我弟弟的衣服布片，那衣服是 57 年弟弟上漢口時舅母給他買的。"

　　……

　　"亂葬崗子已經沒有空地了，大哥死後被埋在村東頭的那片薄土之下，是婦女隊長孫繼英主持埋的。人死的多了，也不是正經埋，就是糊弄著用土把人能蓋上就行。鋤地的時候就能鋤到死人的頭骨。再往後，餓死的人就沒有人去埋了。死的人多，活著的人也沒有力氣，抬出去隨便一扔就是。60 年麥收以後，我就看見地裡有整個的死人骨架子。"

全村死絕

Jasper Becker

《餓鬼：毛時代大饑荒揭秘》

美國明鏡出版社

2005 年版

（安徽省）鳳陽縣的存檔檔記載了有的村子全村死絕。小溪河公社是當年農業合作化熱情最高漲的公社，這個公社有二十一個村子全村死絕。在這些村裡，都經常有人吃人發生，但是人們還是餓死了，因為吃死屍並不提供營養，結果是全都餓死。

……

人吃人到底有多普遍，尚不清楚。官方政策是盡力掩蓋真相，並逮捕了一些涉案者。趙玉書，鳳陽縣委書記堅持說人吃人是"政治破壞活動"，縣公安部門奉命秘密逮捕了六十三人，有三十三人死於獄中。

一位安徽籍的被採訪者說，人吃人已成為饑荒的伴生現象。歷史上傳統的人吃人實際上往往是"易子而食"較為普遍。這位被採訪者回憶說：

饑荒中最可怕的事就是家長總是決定讓老人和小孩先死。他們認為反正養活不了他們，不如讓他們先死。例如母親對女兒說，'你上天見你奶奶去吧。'然後就不再給這個女孩吃東西，光給她水喝。等這女孩死了以後，就和鄰居家已死的孩子互換。這些人當中有五到七個婦女對這種做法都沒有提出異議。他們把屍體煮了吃……

最初，人們還用棺木安葬死者。後來根本找不到木料，索性用破布一裹就埋了。後來連布也沒有了，到夜間死者的親屬們就在那裡守靈，防止有人來割死屍肉。一直守到屍身腐爛。

……

很多地方沒有人去安葬死者，那些死去的人們在哪裡倒下就留在哪裡。

162

"毛主席知不知道俺們這裡受大罪啊？"

1

楊德春
《太和縣饑荒報告的產生》
炎黃春秋
2012 年第 1 期

1961 年初的北京，在中央直屬機關湧動著一股"萬名幹部下放"的熱潮。此時，我在國家統計局財貿司綜合處工作。經我三次主動申請才獲准參與下放。

過了星期天，司裡黨總支曹書記通知我：明早，跟韓複光同志去參加動員大會。

次日，我們到了中南海紫光閣。進入大禮堂，見人滿滿的。臺上也坐齊一排，聽說有幾位是國務院副總理。動員報告的內容，只記得：一是有些農村，有三分之一的政權不在我們手裡；二是下去工作兩年，到時回原單位。我最關心的就是這兩項：任務，去奪回失去的政權；時間，六三年回三裡河上班。至今難忘。

動員大會後，國家統計局領導（好像是孫搽一副局長）召集我們作行前安排。我們到安徽省（此前一批，傳說是去了青海省），具體地

163

沈豐明
群山起舞
油畫

縣由省裡定。名稱是工作組，組長韓複光同志是局保衛處長、機關黨委委員。我們六位成員，各自作了介紹：徐汾、高峰、牛貴慶是國家計委的，沈菊明和我是本局的（那時統計局是計委的直屬局），董紹康是外文出版社的。因該社這批只他一人，故編入我們組。

　　……

　　我們和國家科委的幾位，乘敞篷汽車，經過阜陽行署，到達太和縣……晌午，我們到了趙寺，住在大隊部。這是公社邊上一個兩間草頂房，一面矮土牆的小院。院內土牆邊有一棵棗樹，棗樹下是一叢低矮的石榴。

　　這天是 1961 年 3 月 20 日。

　　按韓組長的安排，我們分頭走村訪戶，座談調查。初步瞭解到，這裡因"自然災害"造成的非正常死亡人數之多、狀況之慘，是無法用語言來形容的。

　　最嚴重的困難，發生在 1959 年冬至 1960 年夏。夏收後災情有所緩解，但眼下的情景仍然是："大食堂"早已解散，社員自家起夥，而每人每天只有隊裡發給的"八大兩"山芋幹。各家再摻和去秋留下的山芋藤和山芋葉食用。

　　到許多村莊去家訪，見不到成年男子，只有衣衫襤褸的婦女和少數乾瘦小孩。婦女普遍"子宮下垂"。公社衛生所，兩年沒有新生嬰兒的記錄。

　　有的農戶的大門，沒有門板，似同穴居。

　　白天很少聽到雞鳴狗叫，夜裡老鼠倒是非常猖狂。我們老董的腳趾就被咬過。

　　由此可以想見，一年前這裡是怎樣一幅景象！

　　社員們知道，北京有幹部來了。我們所到村戶，他們有的拄著棍、有的互相攙著、還有的是從屋裡爬到門口，探望我們，把我們視為毛主席派來的親人。開口問的都是同樣一句話："毛主席他老人家，知不知道俺們這裡受大罪啊？"

　　……

　　前後，經過近二十天的調查核實，寫出初稿，修改討論後，定名為專題報告……

　　安徽省太和縣宮集區趙寺大隊，1959 年冬至 1960 年夏，因饑餓造成的非正常死亡，極為嚴重。全大隊共死亡 1709 人，占原有人口的

36.3%。死亡人數中青壯年占 41%。

1960 年春，還出現過人吃人的現象。全大隊二十九個自然村，有二十六個村發生過人吃人的事情。如潤南生產隊，七個生產組，組組都有；該隊一百四十四戶，六百零四人，吃過人肉的有三十七戶，一百四十四人。嚴重的韓小寨，全村十八戶，八十五人，吃過人肉的有十三戶，五十五人，占全村人口的 65%。又如解寨生產隊，吃過人肉的人約占 40%。

記得《專題報告》，就是這樣開頭的。後面詳細地列舉了某隊某戶的實情。有好幾頁紙。

《專題報告》一式兩份。一份上報國家統計局黨組並請轉黨中央。另一份交省委派到縣裡的整風整社工作隊負責人牛永昌同志（時任省交通廳廳長），請轉安徽省委。

上報北京的《專題報告》是韓組長親自送出的。當時我們聽說，過去區郵電所對發往北京的信件，會送縣公安部門審查處理的，故沒敢郵寄。

《專題報告》送出之後，我們的心一直是懸著的，不知會帶來什麼樣的後果。

5 月 13 日，國家統計局人事司劉其恒司長，乘一輛北京吉普，沒有經過省裡、縣裡直接到了趙寺大隊。他的"從天而降"，果然是為《專題報告》而來。我們是既驚喜，又恐懼。他和韓組長談了很長時間，商定由他帶著公社幹部，親自到村到戶核對。我們都回避。劉司長核對的情況之嚴重，比《專題報告》有過之而無不及。很快他就徑直回北京去了……

此後不久，韓組長從省裡開會回來，記得對我說過，在合肥，省委第一書記曾希聖找過他。談了些什麼，我沒敢問。

……

不久，我們和在宮集公社的三位會合，離開了三堂，到了縣裡。在縣委整風整社辦公室瞭解到，這個人口不到四十萬人的縣"非正常死亡"人數約十四萬人。

……

這份《專題報告》轉沒轉呈黨中央，我們不得而知……

2

趙寺大隊國家統計局下放幹部工作組

《專題報告》

1961 年 4 月 9 日

（從刊登在《炎黃春秋》雜誌上的當年的《專題報告》影印件上的圖像上，依稀可以辨認出以下的文字）

……老社員趙 x（一個字看不清楚）山妻子 x（一個字看不清楚）富英，死了一男一女。某天夜裡，將八（歲）多大的男孩扒出來吃了。另外又扒了兩口人吃了。該大隊張莊生產隊社員 xxx（三個字看不清楚）也把自己死去孩子吃掉……很多社員反映，死去的人抬出去怕被人吃掉，不抬出去，被老鼠啃吃了。這是當時社員的顧慮。

情況如此嚴重，根據我們看來，這種人吃人的事情，不是個別的現象，在這裡也是不足為奇。人吃人的數字是驚人的，張莊隊有兩個人就吃了六個人之多，尤其是最殘忍的是，張莊生產隊社員……（兩個名字和多個字看不清楚）抬著筐子出去抬死人吃，有些死者家屬反映，還在哭著，就被他們扒走……更為嚴重的是，在集市上公開出賣人肉，如 x（一個字看不清楚）東生產隊趙玉茂夫婦開始是吃，後來則串戶出賣，以羊肉為名，賣三元兩角一斤。

以上食人肉過多的人，多數已死亡……

一家一家全死光了

楊繼繩

《墓碑》

香港天地圖書有限公司

2009 年版

時間已經過去了四十多年，現在很難瞭解當年死人的具體情況，只能從檔案中瞭解過去。

1961 年 1 月，鳳陽縣召開了五級幹部會，目的是糾正"五風"，會上發動參加者"大鳴大放"，揭露問題。會議由縣委農村工作部副部長陳振亞主持，開得嚴肅緊張，會上發言的有 90% 以上是家裡死了人的，一邊說，一邊痛哭流淚。現摘錄 1961 年 1 月《中共鳳陽縣委五級幹部擴大會議簡報》如下：

武店公社黨委書記萬德元說："五九年在武店開烤煙現場會，縣委明知道沒有這麼多煙葉，硬說有。縣委書記處書記董安春讓一個馱子的煙分三個驢了馱，顯得煙賣得多。他還佈置，對餓得臉色不好的社員要看緊，不讓他們上街，免得讓外面知道。餓死的人要埋三尺，上面還要種上莊稼。"

……

武店公社全心大隊代表說："1959 年秋，一點吃的也沒有，天天死人，他

劉敬瑞
歌唱我們的好隊長
遼寧美術出版社　1961

（董安春）到我們那檢查工作，還向幹部說：目前是大好形勢。我們隊原有兩千五百多人，現在只剩一千三百多人，死那麼多，我們向董安春彙報，他還說我們玩花樣。我們帶他去看死人，他說：'人要不死，天底下還裝不下呢！'"

曹店公社和平大隊社員代表王夕周說："這兩年盡說鬼話，以上壓下。五八年誰講真話就揪誰。這兩年死了這麼多人，就是以小報大的結果。報的都是千斤田、萬斤田，這刮的是鬼頭風，刮一年人都死光蛋了。我們那裡北山下有一戶叫曹玉樂的，一家三十四口人，就死了三十人，只剩下四人。曹澤祥死了沒人埋，耳朵被老鼠吃掉了。"

……

張灣小隊支部書記崔厚軍補充說："大隊書記周友香不准白天埋死人，說影響不好。有一次，黃德良替人家抬了一個死人，就批鬥他兩天。"

板橋公社江山大隊總支書記王煥業說："六零年春天，工作組錢軒家裡死了十一口人。開始死人時家裡來人送信，他搖搖手，不讓講，帶幾個錢回去處理就算了。最後只剩三個人，實在沒辦法了，就請示領導把三個孩子戶口糧油關係遷到機關來。請示再請示，到批准時，三個孩了也餓死了。他因此精神失常。"

板橋工作組張玉樸說："張牙莊原來四十二個勞動力，現在很少了。我母親死了，老百姓吃代食品屙不出屎，屎帶血，用草棍捅。我回單位向檢察長反映，說我反三大萬歲，誣衊人民公社，鬥我三天，寫了六份檢查。要不是徐部長，就把我劃成右傾機會主義分子了。1960年春天，我家五口人都死了，我就帶出一個小孩來。死了哪敢講，就說病死了算了，只好睜眼倒瞎黢。"

……

武店公社光明大隊姚營生產隊社員代表姚繼山說："……我們光明原有一千六百三十多人，死了八百多人。姚正會家餓急了扒死小孩吃。人心都是肉做的，眼淚往肚裡流。這都是縣委一手造成的，破壞黨和毛主席的名譽。"

……

府城公社社員代表洪冠群說："金傳之因偷幾隻山羊，隊長葛xx不給飯吃，全家四口人被活活餓死。"楊學群（小隊書記）說："馬玉新生病還叫犁田，跟不上犁說是裝病，結果被綁打，扣飯致死。她死在家裡沒人知道，小孩還趴在身上吃奶，三天沒吃著也餓死了。"

……

大溪河大隊鄭山生產隊社員常介翠的母親有病（餓病），找生產組長花某要點面給母親吃，花說："還給她飯吃？都快要死了。還不如趁犁田人中午沒回來給她埋了算了。"常不同意，花說："你不同意就死在家裡，埋在家裡。"

常沒辦法，只好把沒斷氣的母親埋掉。

一些地區規定死人後"四不准"：一不准淺埋，要深埋三尺，上面種上莊稼；二不准哭；三不准埋在路旁；四不准戴孝。更惡劣的是黃灣公社張灣小隊規定死了人不僅不准戴白布，還叫人披紅！

……

從 1959 年到 1960 年，全縣發現了不少人吃人的事件，有記載的就有六十三起。大廟公社五一大隊陳章英和她的丈夫趙夕珍，將親生的 8 歲男孩小青勒死煮著吃了。武店公社中拌井大隊王蘭英不僅拾死人來家吃，還把人肉冒充豬肉賣掉二斤。

武店、曹店等地反映人吃人的事件多起。xx 棋說："有一天晚上我開會回來，看到唐永丁家劈人骨頭，放在鍋裡煮，吃人肉，唐永丁自己端一瓢在門口吃，他說，我已經吃掉幾個了。現在莊上的孩子都喊唐永丁是毛猴子。"

1961 年 8 月 9 日晚，拖拉機站王站長在科局長整風會議上的發言說："1959 年我在板橋公社浙塘大隊整社，彙報人死問題時不敢說是因缺糧，就說是因衛生工作沒搞好。一個婦女吃死小孩，向季文祥（副縣長）彙報後，季派工作隊夜裡把這個婦女捆起來送到公安局，說她破壞社會主義。……從板橋回來看到一個墳堆上有六、七具屍體。"

考城大隊王家鳳說："西泉發現人吃人了，張正九彙報給董安春，他不讓彙報，還叫查，說，吃人的人是壞人。"

對人吃人的現象，縣委書記趙玉書不僅沒有採取有效措施，還怕暴露真相，一律當作"政治破壞案件"，指使公安局進行密捕，關死為算，以此斷口滅蹤。全縣密捕六十三人，關死三十三人。

以死人冒充活人

楊繼繩

《墓碑》

香港天地圖書有限公司

2009 年版

（安徽省無為縣）家裡餓死了人不敢聲張，不去報告，讓死者仍躺在床上，用被子蓋得嚴嚴實實、平平整整的。別人問起，就說生病不能起床。家裡活著的人照樣到食堂給他領回一份浪打浪的稀飯或代食品，以保全活人的生命。餓死的人雖然是骨瘦如柴，屍體乾癟，春夏氣溫雖高還可保存一段時間，冒領死人的飯的天數就多一些。但存放久了，引起幹部的懷疑，上門檢查，揭開被子一看，常常是屍體上的眼珠被老鼠吃掉了，臉、耳、鼻、腳趾被老鼠咬得露出了骨頭。有些地方出現了人吃人的現象。

2003 年 8 月 19 日，謝貴平先生到無為縣昆山鄉蓮花靠山村訪問了時年 60 歲的蘇秀芳。蘇秀芳回憶說：

當年她住在蘇老村，蘇老村至昆山街沿途三、四裡路，每天都見無人收埋的屍體十幾具，要麼是其家人已全部餓死，要麼是家人因饑餓無力挖坑掩埋親人的屍體。她說，蘇老村原有五百七十人，到後來因餓死加上外流，全村只剩下二百多人，好幾戶人家死絕。

　　蘇秀芳一房（共一個曾祖父的所有家族）共七十二人，其中餓死和被折磨死五十三人。她母親死後，她的弟弟時年兩歲，依偎母屍旁，嗷嗷待哺；為了多領得一勺稀飯（當時他們村按人口到食堂領取口糧），被迫用棉被裹住她母親的屍體，與家人同臥一床，不讓別人知道她的母親已死；以死人冒充活人，多領取一勺粥水，從而使姐弟倆得以苟延殘喘，據蘇秀芳說，她的堂妹餓死後，她的二伯以收埋屍體為藉口，將屍體帶到蘇老村村後山岡上，割下屍肉煮燒食用，而將屍骨僅草草掩埋，蘇老村許多村民都看到這一幕。當年在縣糧食局任職的夏可文對謝貴平說，無為縣城有一貨郎小商人，穿街走巷做一些小生意（當時叫"投機倒把"），經常將賺的錢換一些食物藏在貨郎擔子裡自己食用，從不給他的妻子和兒子吃；每當他的妻子和兒子向他求食時即遭他的毒打，並揚言要殺掉他們母子倆；妻子餓得快要死的時候，趁丈夫熟睡之際，與兒子一起用繩子勒死他，以奪取食物。據昆山鄉新華村村民反映，當時該村有一老婦，一日鄰居偶進其屋，見老婦人正在吃肉，忙問其來源，老婦良久不語，後在幹部的追問之下被迫說出實情，其所食之肉乃其子之屍。當時即將餓死的人爭吃無主屍肉也時有發生。

　　據老人們講，有些饑餓的鄉民經常到處打聽誰家最近死了人，何處有新墳？一旦聽說某處有剛死的人或附近有新墳，人們便結夥蜂擁至新墳地，掘屍而食，野外常見被剔除了皮肉的屍骨。當年任無為縣派出所所長的胡大海說："看守所裡的犯人，有女人殺丈夫的，有兒子殺老子的，有母親殺兒子的，各種喪失倫理的事都有，但大都是饑餓的原因。"

趙延年
豐收
木版套色　1959

176

劉續明
春郊
木版套色 1959

"我嘗嘗"

楊繼繩

《墓碑》

香港天地圖書有限公司

2009 年版

　　梁志遠在《關於"特種案件"的彙報──安徽亳縣人吃人見聞錄》中記錄了大量的人吃人的慘狀。該文稱：

　　在農民大批非正常死亡中，人吃人並不是個別現象。"其面積之廣，數量之多，時間之長，實屬世人罕見。從我三年近百萬字農村工作筆記中查證和我自己耳聞目睹的事實來看，絕對沒有一個公社沒有發現吃人的事，有的大隊幾乎沒有空白村莊。"

　　這個嚴重問題是由少到多，到 1960 年 4 月達到頂峰。有時路上死人被人埋後，一夜就不見屍體了。有些地方，農民家裡死了人，為了防止被人扒吃，就守墳多夜，待屍體腐爛發臭為止。有的吃人家的死人，有的吃自家的死人；人肉有吃熟的，也有吃生的；有吃死屍的，也有殺吃活人的；有吃自己搞來的，也有從市場上買來的（多為熟肉）。在城郊、集鎮、村頭擺攤賣的熟豬肉中，有不少是人肉冒充的。在吃人肉的人當中，約有 **40%** 引起腹瀉而死亡；另一些人常吃人肉而沒出事主要是吃瘦棄肥、肉菜混吃、少食多餐、醃咸常吃等。

針對人吃人的情況，縣政法部門也懲辦了一批，先稱"破屍案"，後按上級指示，統稱"特種案件"。這種處理是先嚴後寬，以後就不告不理，不了了之。這種案件能辦不能說，對外隻字不漏，對上彙報慎之又慎。稍有洩露，就大禍臨頭。在文化大革命中，提及此事的人也受到打擊。因此，這些情況一直不為外人所知。梁志遠在這篇文章中提供了一些案例。

縣委親自處理的第一起"破屍案"

1959 年春，城關公社渦北派出所抓獲了一起正在煮死小孩肉的盲流農民，遂將"犯人"和小孩肉送到縣公安局。公安局當時不知如何處理。一位副局長向縣委第一書記趙建華作了彙報（當時梁志遠在場聽了彙報），當即定為"破屍案"，並決定逮捕"犯人"。縣委政法書記李庭芳親自審訊後認為，"犯人"身體瘦弱，無政治目的。於是未經請示縣委，發了兩個饃，將"犯人"教育釋放。縣委知道後，李庭芳受到嚴厲批評。李又讓公安局將"犯人"抓回，重新入獄。經過半個月的審訊，確定"犯人"沒有政治目的，縣委批准將其釋放。

本案到此終結，但辦理案的派出所所長李玉賢，因向別人說過歷史劇《打鑾殿》中的劇詞："人吃人，狗吃狗，老鼠餓得啃磚頭"，在 1959 年的反右傾鬥爭中，當作右傾機會主義分子進行批鬥，並開除黨籍，撤銷職務，降兩級，調出公安系統。李庭芳也被調去帶民工到皖南修鐵路，再沒有回亳縣工作。

饑餓殘忍吃親人

叔父吃侄女。據民政局離休幹部葛現德回憶，其家鄉城父公社葛魚池生產隊有一名社員，吃了其侄女的肉。1960 年，其兄嫂死後，一個不滿 10 歲的侄女被其收養，不久侄女餓死，被其吃掉。因吃人肉，精神緊張，患病多年。

兒子吃父親。1960 年 5 月 25 日，縣委生活檢查組長孫振林（中共黨員，縣文化館副館長）等人彙報：在魏崗公社逯樓大隊陳營村檢查，群眾強烈反映農民馬某，在其父親死後被煮吃掉，並將一部分充當豬肉以每斤 1.6 元賣掉。由於當時政府對這類事採取回避態度，所以沒加追究。

父母吃兒子。1960 年 3 月 28 日，雙溝公社王閣大隊王莊王某，在小兒餓死後，被煮吃，吃後夫妻兩人腹瀉，三天后二人均死去。全家七口餓死五口，剩下兩個孩子被送進大隊孤兒園。

母親生吃女兒肉。1960 年春，大楊公社劉匠大隊朱寨村朱李氏，在全家四口人已餓死三口的情況下，自己餓得無法忍受，就在死去的女兒身上啃掉幾塊肉吃下去，因此引起腹瀉，拉出許多爛肉。當檢查人員任懷贊（大楊公社煙酒專賣主任）發現時，該人已全身浮腫，處於半昏迷狀態，但知道要饃，要飯，

179

要醫，要藥。生產隊長朱本善把真實情況告訴檢查人員，並說昨天剛把生吃的女兒埋在地裡。

據張催糧回憶，1960 年春，我家觀堂公社集東一裡張莊張韓氏，全家四口人，餓死兩口之後，身邊只有一個瘦弱的女兒，她迫於饑餓，喪失理智，打死了女兒，將其煮吃，之後精神失常，有時呼叫女兒的名字。

據市農業銀行離休幹部、中共黨員王體忠回憶：他家在五馬公社泥店西南王樓村，社員王某的老婆（1922 年生人）在 1960 春因饑餓打起了十來歲女兒的主意，將女兒打死煮吃。此人在 90 年代初還健在。

父親殺吃親生兒子。據大楊財政所離休幹部、中共黨員孫傳璽回憶，大楊公社丁國寺西南邵莊孫某（孫傳璽妻子娘家的鄰居），1960 年將其親生兒子小禿子打死煮吃，全家八口人先後死光。

據法院原秘書尚振華（離休幹部）回憶，他所經辦的案件中，有一個先吃小孩的慘案。案犯是大楊公社釣台村農婦張某，1960 年吃掉自己的死孩後，不久又打死鄰居的小孩吃掉。案發後被捕，判決後死於獄中。

梁志遠的一個親戚吃了死去的兒子，夫婦腹瀉病危，其嬸母說他們不該吃人肉。他說："情願一頓吃飽死，不願長餓活著生。"結果兩夫婦死亡，全家七口人死去五口。

哥哥殺吃弟弟。據市技術監督局、中共黨員、退休幹部楊心寬回憶：1960年春，我在城父公社任組織部長，該公社龍台廟大隊韓老家村，韓某（16 歲），其父母死後，即與其弟韓四生活在一起。1960 年 3 月，他因饑餓將其弟韓四打死，頭和脊背放在泥圈裡，肉放在鍋裡煮時被幹部發現了。經審問供認殺弟煮吃的事實。因未滿 18 歲，公社黨委作決定時我參加研究，將韓某抓送公社"火箭營"（一種強化勞動的組織）扣留關押，數月後在"火箭營"死亡。

據亳州市原書記李興民回憶：我家原住亳縣大楊公社郭萬大隊李老家，與前瞿莊石某家相距很近。石某家是一個十八口人的家庭。1960 年春，十八口人餓死近一半的時候，老三的小孩死了被留下煮吃。全家人都吃了，全都腹瀉。除石有亮一個活著以外，其他人全都死去。

一些多戶吃人的村莊

據古城公社沼北大隊原副大隊長、共產黨員馬占坤回憶：1960 年春，該大隊河西王村多戶農民吃人肉。大隊多次檢查屢禁不止。王某的母親屢教不改，被大隊書記耿某打後送公社"火箭營"關押致死。

據縣委生活檢查組長、中共黨員陸美（女，已離休）在 1960 年 3 月 3 日彙報：魏莊公社蒿莊村，全村四十多戶有二十五戶吃人肉，嚴重時幾乎每天夜裡都有人下地扒死屍。社隊都知道此事，認為無法制止就聽之任之。

觀堂公社集東一裡張莊是一個多戶吃人肉的村莊。他們吃人肉是半公開的。張某氏，用人肉加稀飯救活了近門的一個孤兒張催糧（即回憶本村張韓氏殺吃女兒的張催糧），張催糧現已年近半百，有時還談論這方面的事。

埋不住的盲流屍體

1960 年 4 月，梁志遠去縣勸阻站（縣城到西北角、南京西路北）檢查盲流人員的生活情況，站內醫生楊文德說："勸阻站盲流死亡人員被扒吃了不少。"隨後，梁志遠與楊醫生一起去墳地看，確實有不少被扒的站盲流人員墓坑，地上爛衣狼藉，還看到一個未理髮的中年男子的頭。梁問楊醫生："公安人員怎麼處理？"楊說："我已向公安局反映過多次了，沒人表態。"

一次批鬥吃人肉者的大會

據立德教育辦公室會計、中共黨員李士遠回憶：立德公社楊王大隊李寨村，1960 年春，吃人肉的越來越多。大隊、生產隊制止不了。在無可奈何的情況下，採取了抓典型召開群眾大會批鬥的辦法。抓了一個多次吃人肉的老中農李某的老婆，召開群眾大會進行批鬥，要求人人參加，不參加者食堂扣飯。幾個幹部在會上發言。指摘她"犯法"，"往政府臉上抹黑"等。還說：誰再這樣（指吃人肉），就把誰關死在監獄裡。批鬥會後，吃人肉的就少了。

一場搶吃人肉的鬧劇

據農業銀行離休幹部、中共黨員王體忠回憶：1960 年春，他家鄉五馬公社泥店西南王樓村，有不少農民因饑餓而吃人肉。為制止這種情況蔓延，大隊下決心抓典型示眾。該村王某的前妻某氏，多次吃人肉。

有一次剛把煮熟的人肉撈到盆裡，被幹部查獲，把人和人肉一起送到大會場裡，立即召開群眾大會對她進行批鬥。參加大會的人聞到香噴噴的人肉，想吃又不敢吃。有個大膽的人說一聲 "我嘗嘗"，伸手拿了一塊人肉大口吞食，接著眾人一哄而上，你搶我奪，亂成一團，轉眼間一盆人肉搶得精光。王體忠的妻子也搶了一塊，當時吃了感覺很香。批鬥大會無法開下去，只好宣佈散會，不了了之。

人肉的市場交易

1960 年春，由於吃人肉的情況不斷發生，人肉的市場交易也隨之出現。城郊有，集鎮有，農民擺攤設點和流動串鄉賣人肉的也有。

1960年3月下旬，城父公社黨委電話彙報：丁樓大隊李樓生產隊農民呂某，於3月17日至21日，共扒掘三具女屍，煮熟後充當豬肉，在菜橋閘工地擺攤出售。

1960年春，核桃林場王廟林區邢莊邢某，常以人肉充當豬肉串鄉出賣，在當地廣為人知。

1960年春，十九裡公社薛菜園大隊任寨農民周某，以人肉煮熟充當豬肉在本村出賣，被縣委農工部科長李延榮等人發現後令其埋掉，周某害怕追查，當即逃跑。

1960年春，五馬公社黃營大隊郭橋村，一個57歲的農民殺死本村13歲男孩連臣，當夜煮熟自己吃了一部分，第二天在村頭路口當豬肉出賣。縣公安局田朝珍等人偵破此案，將犯人逮捕，判處死刑，執行前死於獄中。

人食人案件一千二百八十九起

尹曙生（安徽省公安廳原常務副廳長）

《安徽特殊事件的原始記錄》

炎黃春秋

2009 年第 10 期

安徽省在"大躍進"年代，人民群眾吃盡了苦頭，餓死了四百多萬人（有案可查，不是推測的），發生人相食（多數是吃屍體）的現象並不奇怪。

1961 年 4 月 23 日，安徽省公安廳向省委寫了一個報告，題目是：《關於發生特殊案件情況的報告》。報告稱：

自 1959 年以來，共發生（特殊案件）1289 起，其中阜陽專區九個縣發生302 起，蚌埠專區十五個縣發生七百二十一起，蕪湖專區三個縣發生五十五起，六安專區五個縣發生八起，安慶專區兩個縣發生兩起，合肥市三個縣發生二百零一起。

發生時間，絕大部分在 1959 年冬和 1960 年春。宣城縣發生的三十起特殊案件，有二十八起是 1959 年 10 月至 1960 年 2 月發生的；蚌埠專區的鳳陽縣等十個縣 1960 年共發生此類案件六百一十九起，其中發生在第一季度的五百一十二起，發生在第二季度的一百零五起，發生在第三季度的兩起，第四季度的個別地方雖有發生，但為數極少。

今年第一季度只發現肖縣、湯山、嘉山、定遠、肥西、巢縣、泗縣等八個縣共發生十起。這類案件約有 50% 以上發生在三類（即壞人掌握領導權）社隊，作案成員大多數是勞動人民，也有的是地富反壞分子。據蚌埠專區對八百一十九名作案成員調查，地富分子和歷史上當過土匪的五十九人，敵偽人員、兵痞等四十九人，學生十九人，農民七百六十四人。

從作案性質和情節上看，據對一千一百四十四起案件調查，其賣給別人吃的三十六起，其餘一千一百零八起都是留作自食的。

發生這類案件的原因，主要是由於一些地方生產沒有搞好，口糧安排不落實，群眾生活極度困難，特別是壞人當道的三類社隊，幹部為非作歹，停夥扣飯，群眾出於生活所迫所致，個別的搞出去賣也是為了買回自己所需的食物和用品。各地對此類案件，一般都當成政治破壞案件處理，由黨委責成公安部門領導直接掌握，確定專人辦理。

從處理情況看，面寬、過嚴、絕大多數是逮捕、勞教、拘留起來，把很多是人民內部矛盾問題，當成敵我矛盾處理，擴大了打擊面。全省一千二百八十九名作案成員中，就逮捕一百三十六名，勞教一百五十三名，拘留八百八十一名，判處死緩兩名，合計占 90.9%。這些人被逮捕、拘留後，由於他們本來身體就弱，有的還患有多種疾病。在投入勞改、勞教後，因生活管理不好，勞動過度，造成大批死亡，有的地方死亡率竟達 70% 以上。

省公安廳已責成有關公安機關，對此類案件進行一次認真檢查處理。處理的原則是：對地富反壞分子有意造成政治影響以及殺人犯和搞這種東西出賣的，應從嚴處理，其餘都教育釋放。

安徽省公安廳的這份報告，總的來說是實事求是的，中肯的。我不想作過多解釋，因為寫的清楚明白。由於時代限制，個別觀點值得商榷，如"地富反壞有意破壞政治影響"，不是餓的沒辦法，誰願意吃包括自己親人在內的屍體呢？需要補充的是，報告沒有說明這裡面有多少是殺害已經餓得奄奄一息、快要死的親人而食肉的，就是報告上說的"殺人犯"。這種情況少，據我們在寫公安史時的典型調查，這部分約占 5% 至 8%。

下面用一個縣的例子來論證省公安廳的報告。
安徽省鳳陽縣，改革開放後很出名，因為全國包產到戶就是這個

李亨
在農村俱樂部裡
《時事手冊》雜誌封面　1965 年第 2 期

185

縣的小崗村 18 戶農民立下生死狀搞起來的，得到當時的省委書記萬里的默許，然後在全省推廣、全國推廣，很快解決了農民吃飯問題，萬里也成了改革開放初期的風雲人物，"要吃米，找萬里"的口號傳遍全國。江澤民、胡錦濤等很多中央領導人到鳳陽縣小崗村視察、參觀。可是這個縣在"大躍進"年代人民群眾的悲慘狀況卻鮮為人知，說它是人間地獄一點也不過分。

先看看人口統計數字。1958 年鳳陽縣全縣人口 402700 人，到 1961 年，人口下降到 245262 人，淨減少 157438 人，和 1958 年相比，人口減少 39%。全縣死絕的戶有兩千四百零四戶，消失村莊二十七個，孤寡老人一千五百八十人，孤兒三千三百零四人。

為什麼會出現這種情況？就是因為這個縣的縣委書記趙玉書為了"大躍進"，不顧人民死活，盲目蠻幹造成的。為了"大躍進"，他動用專政工具殘酷鎮壓人民群眾。一個四十萬人口的縣，他就下令公安機關逮捕、拘留三千一百五十四人，管制一千四百多人，批鬥兩千多人，打擊所謂反革命三百六十六人。1960 年 4 月正是該縣餓死人最多的時候，趙玉書在公社黨委書記會議上說："鳳陽本來就不是個好地方，過去也死過人，現在死兩個人，有什麼了不起！"會後他到武店公社瞭解浮腫病情況，問公社衛生院院長王善良："為什麼浮腫病治不好？缺什麼藥？"王善良如實回答說："少一味藥，那就是糧食！"趙玉書大怒，馬上組織人對他進行批鬥，批鬥後宣佈逮捕。

由於餓死人的情況得不到控制，發生了人相食的慘劇。趙玉書知道後，對公安局領導說："這是反革命政治事件，一律逮捕，關死為算，嚴格保密，不得外傳。"結果公安局秘密逮捕食人案件當事人六十三人，關死在監獄裡的三十三人。

安徽省公安廳的報告送到省委以後，省委書記曾希聖只批給幾個書記傳閱，嚴格保密，並指示公安廳，嚴格控制知情範圍，有關檔案銷毀。幸好這份報告還保存著，筆者在主編《安徽省志公安志》時發現這份報告。這份報告使這一歷史慘案不會石沉大海，無人知曉。

安徽省發生人相食案件是不是個案？不是的。全國不少省都發生過，只是嚴重程度不同而已。

人相食

1

中共中央辦公廳秘書室豫甲（59）字第 2031 號
轉發河南省淅川縣匿名信件

主要反映：（1）本縣人民為生活所迫到處外逃，思想混亂，人心不定；本縣公安部門幹部手持手槍，威脅人民。（2）社員餓死很多，清泉村一帶在 13 天之中就死去三十多人，有一個小孩餓死了，被別人拾去蒸熟賣。

2

顧准
《顧准日記》
經濟日報出版社
1997 年版
……

人相食

除民間大批腫死而外，商城發生人相食的事兩起，19 日城內公審，據說 20 日要公判。一是丈夫殺妻子，一是姑母吃姪女。
……

有人要解決吃飯問題，只能用活人的生命消耗來對地球宣戰。
……

逃竄犯——農村體制

實現這一套辦法的體制，經多年經營，已經成功。其結構如下：甲。公安戶籍體制。有此一條，災區農民，無法流入城市。每天吃菜一頓，也不能再外出逃荒；乙。人民公社，仍然是產業軍體制，它把純粹農村結構組成營連，並可以從中隨時組成野戰軍（如水利）隊伍；丙。公共食堂，把農村糧食消耗徹底控制起來，使"糧食出荷"不足以造成駭人聽聞的個別餓死人事件，饑餓限於慢性，死亡起於腫病。醫生若說是餓死的，醫生就是右派或右傾機會主義者。所以，在憲法有居住自由這一條規定之後，又有逃竄犯的名目。

商城除綜合隊三四百人之外，城內還集合了二百多人在蓋戲院。這些人都是到處找吃的人，看來隊伍還得擴大……

3

張自強

《關於遂平災情上李德全（紅十字會會長）並轉毛澤東書》

我是河南省遂平縣一個革命轉業軍人，可是，明天我將跑到東北當"流竄犯"去了。當我離開這裡以前，把當地的現況報告給您。……我報導的是親自目睹的幾個片斷。

……

（3）這個地區活人吃死人活生生的實事常見而不是奇聞。我親自知道神狗廟鎮鎮上一個中年婦女，在餓死了丈夫以後，煮吃了自己親生的3個將要死去的小孩，最後自己也死了。另一個女學生吃了已死去5天埋在地下的生前的小學友，被人知道了，到處挨打，後被學校同學趕出來，最後也餓死了。是千真萬確的事。

4

楊繼繩

《墓碑》

香港天地圖書有限公司

2009 年版

在饑餓中，各地都有人吃人的事件。鹿邑、夏邑、虞城、永城等縣共發現吃死人肉的情況二十多起。據中央工作組魏震報告，鹿邑縣從 1959 年 10 月到 1960 年 11 月，發現人吃人的事件 6 起。馬莊公社馬莊大隊龐王莊貧農王玉娥（女，18 歲），於 1960 年 4 月 19 日，將住在旁院的堂弟弟王懷郎（5 歲）活活地溺死煮吃了。懷郎的親姐姐小朋（14 歲）也因饑餓難忍吃了弟弟的肉。

5

Jasper Becker
《餓鬼：毛時代大饑荒揭秘》
美國明鏡出版社
2005 年版

（河南省光山縣一個村莊，）劉（小花）大娘還記得，她的鄰居深夜悄悄到地裡從死屍身上割肉吃。她指著臨近的一個村子說，那裡有一婦女甚至殺了自己的孩子，由夫婦倆一起充饑。此事在這位母親精神失常後才敗露出來。

劉大娘說，那時候的人簡直變成了吃人的餓狼。一些逃荒者不是在途中餓死就是被外鄉人殘殺後吞吃。

6

xiaoxiang007
《駭人的“信陽事件”和餓殍》
xiaoxiang007.blog.epochtimes.com
2011 年 7 月 8 日

姓許的解放前是大地主家庭，弟兄九人加父母共十一人，饑荒過後僅存一人，人們叫他二鱉子，現在已經兒孫滿堂。

筆者的一個堂姐，一個堂哥被餓死，一個堂哥被爺爺用一斗玉米的代價賣給了陝西人，一斗玉米放了我堂哥一條生路，也救活了我的爺爺。堂哥現在還活著，現在 56 歲，已搬家到安徽宿州，有了自己的家庭。

姓徐的家庭，因饑餓中母親沒有奶水，最小的嬰兒被餓死後，饑餓導致母親把自己死去的嬰兒煮吃了。被丈夫和大兒子發現後，此母親被活活打死。此大兒子依然健在，現年 68 歲。筆者不敢跟他提起那件寒心的往事，不過他還是說：“那都是餓的，沒有辦法，哪個娘願意吃自己的孩子啊！”

姓許的家庭一個兒子金鋸，幾乎被餓死，躺在地裡時，被我的父親背回了家，餵了他半碗粥，得以活命。現在每逢過年過節，依然到我家來看望我的父親，他說父親是他的救命恩人。……

一個姓王的老人說：“那時候人餓的，頭髮一摸全都掉光了。”

一個姓汪的老人說：“後來就有人吃餓死的人了，現在咱莊還有吃過人肉的人呢⋯⋯"

7

張大軍
《"人吃人，狗吃狗，老鼠餓得啃磚頭"》
網路電子版
2005 年
我的母親 1947 年出生於河南省信陽地區息縣烏龍集（後來，由於行政區劃的調整，在五十年代初改為淮濱縣固城鄉）老莊大隊蔡莊村。在她童年的時候，一場史無前例的浩劫給她的花季人生投下沉重的陰影，雖然她最終得以死裡逃生，但卻失去了父母和所有的兄弟姐妹。
⋯⋯
兒子：當時整個村餓死人的情況如何？
母親：那時，有人幾天不吃飯，直接就餓死了。還有的人吃野菜和野草，身體極度虛弱，也自然就慢慢死去。當時整個村死了一百多人，占全部村裡的人數的三分之一。
兒子：你見過或聽過人吃人的事嗎？還有整個地方餓死人的情況是什麼樣子？
母親：咱們那裡有人吃人的事。咱那有一個鄰居，是蔡加軒的娘。有一天早晨，我碰到她的時候，她正跨著一個籃子，籃子裡放著死人肉，籃子下還在不停地滴血水。你們村（我父親所在的固城村）的人，包括你的一個本家大娘以及你乾爸的母親，也都吃過死人肉。吃過死人肉的人的眼睛都不一樣，看人的時候都直直地盯著。
當時固城街上的野草長得比人都高，因為那時根本沒人去趕集，整個街上全是空蕩蕩的。人也走不動路，有時有人在路上走著走著，就死在路上了。如果有人顯著比較胖（因為浮腫的緣故），在路上可能會被害，身上的肉就被那些餓極了的人給吃了。
兒子：到這種時候了，還沒有人提意見嗎？村民沒有其它的救助措施嗎？
母親：五九年那個時候還是沒有人提意見，如果有人提意見，村幹部就會打他們。即使餓成這樣，就是沒有人提意見，還是因為害怕。
只有一個人能說，他叫簡瘋子，也有人說他是神仙，因為他有時預測的事很準確。他就經常說：人吃人，狗吃狗，老鼠餓得啃磚頭。但因為他被人看作瘋子，當時在固城街上公開說，也沒人管。

8

韓光生　口述　仝小改　記錄
《親歷三年大饑荒》
網路電子版
2008 年 10 月 3 日

這事發生在 1960 年的春天。

我們新縣地處河南湖北交界，屬於大別山腹地，全境基本上都是山區。"三年自然災害"時期，因為地處山區，山上樹木很多，長有很多野果野菜；再加上歷史的原因（新縣是鄂豫皖革命根據地的中心和首府所在地，先後誕生了紅四方面軍、紅二十五軍、紅二十八軍等主力紅軍；當時不足 10 萬人的新縣，竟有 5.5 萬人為中國革命獻出了寶貴的生命！她是中國著名的將軍縣，養育了許世友、李德生、鄭維山等四十三位將軍），我們新縣人口又比較少，所以雖然屬於信陽地區，但和周邊同屬信陽地區的光山縣、商城縣、息縣等災情嚴重的縣分比，新縣的情況要好得多。

光山縣緊鄰我們新縣，民眾間姻親相通、相互走動是很自然的事。

我有一個親戚叫徐再育，家住新縣田鋪公社九裡村。有一天，他去光山縣走親戚。一走進親戚住的那個村子，他就覺得有什麼不對勁——村裡人看他的眼神很特別，那些人看他的時候，眼裡都泛著特別的光。

"三年自然災害"時期，光山縣是"信陽事件"的主力縣，那裡餓死的人可謂成堆成摞了，人吃人的事情雖然被上上下下掖著藏著，但周遭的老百姓是知道這些事的，早已不是什麼秘密了。

徐再育那一晚留宿親戚家。他躺在床上，一直睡不著，或者說不敢睡——村裡人看他的眼光，老是讓他想起餓狗看見野兔時，眼睛裡倏然閃現的光亮。

徐再育就那麼挺在床上，無法入睡。挺著挺著，他聽見親戚的鄰居家好像有什麼動靜，支起耳朵仔細聽聽，是磨刀的聲音。這越發讓他睡不著了，更加用心支棱起耳朵聽周圍的動靜了。不久，他又聽見磨刀的地方有人在說話：今天隔壁來了一個走親戚的，那個人身上好像是有肉的……徐再育聽到這裡，翻身起床，偷偷走出親戚家，然後撒開腳丫子就跑。他一氣跑了八十多裡，跑到家裡時，一頭栽倒，然後一病不起，一個月後，死掉了。

徐再育不是餓死的，他是在光山縣受了驚嚇後，就那麼躺在床上，

191

病懨懨地死掉的。

9

全小改
《親歷三年大饑荒——根據盲人朱登振的講述》
地方文革史交流網
2011 年

我和同村的朱孬孩、朱尿盆、朱長明、朱小亂（我們都是十二、三歲），跟著朱廣禮老漢（年近 80）出去要飯了。出去討飯……一直走到安徽的蒙城。到蒙城的雙橋村時，已是半夜。我們走進一戶人家，那家的女人很熱情，馬上燒鍋給我們蒸了一鍋紅薯，還在鍋邊貼了些紅薯面餅給我們吃。

那女人知道我們是要飯的，就勸我們留在他們村，說他們村現在一人合三、四十畝地，根本種不完，我們留下幫著種地，混上頓飽飯是沒問題的。

我說我眼睛看不見，沒法下地幹活啊。那女人說：你可以幫我們推磨呀。我們說：我們這麼多人，留下來也沒地兒住啊！那女人說：咋能沒地兒住，村裡空房子多得是！隨便推開一家，把屋裡的骨頭撮起來倒掉，那些房子都能住人！我們很奇怪，問她咋還要撮骨頭。那女人說，他們村子原本 1300 來口人，現在只剩下 86 口了，很多戶都是全家餓死，沒人替他們收屍，死人就那麼挺在屋裡了。

餓死人的事情我們村子也有，不稀奇，可餓死這麼多、就那麼任屍身停在家裡，我們那兒是沒有的。問她：這些人都是餓死的？她說：按說都算餓死的吧？當中的一大批人也不知道算不算餓死的——村裡人啥都吃不上，上邊讓修水利，說參加修水利的人，每頓可以吃到一個饃。好多人一聽能夠吃到米麵了，就都去了，到了工地上，一些人拉著架子車低頭一使勁，就一頭栽倒死了，有些人是吃了饅頭死了。就這麼，去修水利的人很少有活著回來的。

村裡還有一戶人家，家裡人死了後，剩下的娘倆就割死人屁股上的那點肉煮了吃。也不知道是人肉有毒，還是她們的腸胃被餓得不適應吃肉了，吃了人肉後就一直拉肚子，兩天後娘倆生生拉肚子拉死了。

我們說：人都餓成這個樣子了，咋不跑出去要飯？我們知道，上邊不允許出去要飯，我們那兒也是把得很緊，出去要飯被逮住抓回，是要被批鬥的，可只要偷偷跑出去別被逮住了，說不定要飯還能落個活命呢，總比眼睜睜在家等死強吧。那女人說，他們這兒看得嚴著呢，公社、縣裡派人掂著棍子把著各個路口，看見有人外出要飯，掄起棍子就夯，三下兩下就把人夯死了，誰敢出去要飯？

我們又問她，怎麼就會餓死這麼多人？我們村子斷糧 45 天，才死了 31 口。那女人說，她也說不清村裡斷了多少天糧，秋天收莊稼的時候，公社糧站裡的車就等在地頭呢，村裡人把收的糧食扛到地頭，糧站的車裝上就拉走；收紅薯的時候把紅薯背到地頭，糧站的車也是裝了就拉走……他們也不管村裡人有沒有東西吃。

那女人待我們很好，可我們誰都不願意留在那兒——誰都不願意去撮骨頭收拾房子。一想到村裡的很多房子裡都挺著死人，就瘆得慌。我們繼續走著要飯去了。

……從安徽蒙城一直走到南徐州，路過的每一個村子都餓死了不少人。不過還好，這些村子都沒有死絕，無論走到哪個村子，都能討到口飯吃。

我們一路討要，走了好幾個月，到麥收的時候，才又走回了家——河南省開封縣山崗鄉二郎廟村。

這是 1961 年春節的事情。

楊志賢
奮戰在收穫現場
農民畫

我怎麼能吃自己的閨女！

時寒冰
《誰知百姓苦：與父母的對話》
網路電子版
2009 年 12 月 13 日

母親很平靜地給我講述往事：1959 年，所有家庭的鍋碗瓢盆被沒收，一律吃大食堂。但由於幹部虛誇，虛報糧食產量，上面要求多交公糧，交不上去的有的被活活打死。家裡（我們家處在河南省周口與駐馬店兩個地區的交界地帶）都沒有糧食吃了。大食堂只能喝稀湯。人們饑餓難忍。舅舅餓得端著碗不鬆手。姥姥去地里弄些草根、菜葉在鐵鍬上面煮，駐隊幹部看見誰家生火就闖進去，看到好吃的就端走，看到不好吃的就砸掉⋯⋯就這樣，母親才兩歲的妹妹在哭聲弱下來的時候，餓死了⋯⋯

母親說："村裡誰家死人，都不會說，有的直接把死人吃了，有的瞞著多分一碗稀湯⋯⋯xxx 的娘，就是把家裡死掉的孫女吃掉活下來的，她吃了七個人⋯⋯" 想到小時候見到的那位和善的老人，我突然有種不寒而慄的感覺。

母親說："才兩歲的妹妹死了，家裡的人也都餓得不行了⋯⋯一個親戚來家，就勸把妹妹吃掉，皮包骨頭，也沒有什麼可吃的，就是把肝什麼的掏出來吃掉⋯⋯我怎麼能吃我的妹妹！我娘也不同意，哭著說，我怎麼能吃自己的閨女！寧餓死也不⋯⋯"

我看到母親的眼睛。她拼命地抑制自己的淚水。

我背過臉去。母親的淚滴在我的心上。

母親說："晚上就偷偷把妹妹埋了，多了一碗稀湯⋯⋯我家族餓死六個，全村餓死一百多人。"

兄弟倆打死妹妹烤著吃

任彥芳

《中國第一個人民公社的大饑荒》

炎黃春秋

2008 年第 5 期

張申：

這年（1958 年）冬天，河南省副省長趙文甫和地委書記陳冰之一人帶一個秘書到下邊私訪，到禹城杜集，一進村口，就見人們浮腫厲害，老百姓哭著說：再不來糧食，就都餓死了。陳冰之從村西頭走進一家，見一老人在草窩裡睡，看不見糧食，見屋裡有個小缸，淹著一缸肉，問：是什麼肉哩，狗肉？貓肉？老人哭了，說那是我孫女的肉哩！

餓的人吃人肉了！陳冰之再也呆不住，便找到趙文甫，一塊看了看那淹女孩肉的小缸！……

我想說一點真話，講了點真實情況，還沒敢說多嚴重，可 59 年 8 月，我被打成了"右傾機會主義分子"！

那時，我是分管工業的地委第二書記。

……

姚學智（原中共河南省開封市紀檢委書記，80 歲）：

信陽遂平縣楂岈山人民公社，是中國第一個人民公社！也就是在這中國第一個人民公社放出的中國第一顆小麥高產"衛星"！

……

1960 年冬，我參加信陽地委領導在駐馬店參加縣委第一書記會議。我和正陽縣委書記住一個房間，他說："老姚呀，不得了啦，你不知道下邊餓死的人厲害得很哪，光正陽縣就死了幾萬啦……"

我回來問蔡中田：楂岈山公社餓死多少人？他回答說：死 300 人。我回到楂岈山問陳炳寅書記，他也回答：死 300 人，原來是縣裡佈置統一了口徑。

省委副秘書長打來電話問我：楂岈山公社死多少人？我回答：我聽縣委書記、公社書記說 300 人。晚上，省紀檢委書記焦祖涵來電話也問我：楂岈山到底死多少人？我還是做如上回答。他說：一定要搞確實。

我看省委如此重視，我不能只聽彙報，要親自去調查。

我先到一個村，村幹部說：俺村就死二人，還是老頭，該死了。我出了隊辦公室，在路上遇到一群婦女，卻哭著訴說他家裡餓死人，這一統計就是四五十人哪！

我又去了一個村，也死了幾十個人。

這樣全公社估算要在三四千人以上啊！

我回公社專門叫各村支書來彙報死亡人數，可支書卻不在了！

這個公社的南堯大隊，一家老人餓死了，只剩下兩個哥，一個妹妹，冬天晚上烤火，哥問弟：餓不餓？餓了咋辦，咱不能等死啊！兩人一商量：吃了妹妹吧！便把小妹打死，在火裡烤著吃。當家叔叔聞到烤肉味兒，過來一看，哥兒倆正燒妹妹的大腿撕著嚼呢。便大罵他們，他們像沒聽見，還撕著吃，把啃完的頭骨放在窗臺上，叔叔報告了，公安局來人抓他倆，弟弟跑了，哥哥被抓去，又送回來了——在路上死了。逃走的弟弟也餓死了。

我去調查，有兩個村已死絕了，屍體倒在街頭，沒人掩埋，真是慘不忍睹哇！

我跑回省裡，向省領導做了彙報。先找到副秘書長王秉璋，他問楂岈山死了多少人？我說：根據我獨自調查，死人在 3000 以上。他說：已給中央寫報告，報了 300 人，這咋辦？

在省常委會上，我彙報楂岈山死人實情。

楊蔚屏感到問題嚴重，派管農業的副秘書長崔光華跟我一塊再去楂岈山調查；讓我先寫個情況，由機要室列印了。把我寫的情況上報中南局。

那天我住在遂平招待所。第二天，中央來了陳正人、陶鑄、吳芝圃、李立副書記，從信陽乘大轎子車直奔楂岈山去，我也到了那裡。

陳正人問縣裡幹部：這個公社死了多少人？

回答說：一千多人。

陳正人說：工作組報告三千多人，怎麼回事？

這是指我寫的報告，到底是誰說假話，欺騙中央？我說召開全公社各村的貧下中農代表會，一個村一個村的報，就把死人的蓋子揭開了。不是 3000 多人，而是 4000 多人哪！我讓會議延長一天，把死的人名單拉出來，看著這厚厚一摞密密麻麻的父老鄉親死者的人名，那些想隱瞞真相的人還有什麼話說？

黃傳偉
新的一代
宣傳畫

"你有人性沒有？"

楊繼繩

《墓碑》

香港天地圖書有限公司

2009 年版

原信陽地區專員張樹藩在《信陽事件：一個沉痛的歷史教訓》中寫道：

> 信陽五裡店村一個十四、五歲的小女孩，將其四、五歲的弟弟殺死煮了吃了。因為父母都餓死了，只剩下這兩個孩子。女孩餓得不行，就吃弟弟。這個案子送到我這裡我很難辦。法辦吧，是生活所逼。我想了一個晚上，第二天還是把這個小女孩抓起來了。我的想法是，不抓起來也是餓死，不如讓她進派出所，還有口吃的。

信陽死人數量最多的是光山縣，死人比例最大的是淮濱縣。信陽的老幹部對本書作者說，省監委書記劉名榜、地委書記路憲文的小車，是從死人的屍體旁邊開過去的，但他們卻沒有向上反映情況。省委書記處書記楊蔚屏調查報告說："光山縣死亡人口占全縣總人口的 20% 以上。槐店公社大梨樹大隊死亡 60% 以上，潢川縣雙柳公社新華大隊死亡 65% 以上，13 個村莊沒有人煙。"

餓死這麼多人，沒有人哭。死屍冬天沒處理。一直到春節發糧食，公社出面組織人，一人發一副手套往土井（1958 年挖了不少這樣的井）裡拖，屍體都變形了，也分不清誰是誰，拖到一個土井裡集體埋了，一般是一個土井埋一百多人。

中央和省委調查組李振海、陶陌生、賀棣忠三人在 1960 年 10 月 9 日寫的關於息縣的報告中說：

據縣委的不完全統計，從 1959 年 10 月到 1960 年 4 月，息縣共死亡 104523 人，占全縣原有人口的 14%，……實際上死亡人數不只此數。這是因為，第一，時間上卡頭去尾，實際上 10 月以前就死了不少，1960 年三季度還在餓死人。第二，正常死亡人數界限定得過高，不少非正常死亡納入了正常死亡。我們估計息縣死亡人口在 12 萬到 14 萬之間。縣公安局統計數是 13 萬。人死了，就合併村，1959 年上半年有村莊 5489 個，現在只有 4805 個，減少了 639 個。……張陶公社溫圈子大隊社員張文儒於去年 11 月間到野外剁屍體當牛肉賣，每斤 3 角，被發現後遭毒打致死。貧農李世平和其子李心泉、其女李小妮三人夜間到墳地扒屍體，因與中農社員王振宇爭奪屍體，李世平父子將王振宇打死，並將王的屍體抬回家煮吃，被幹部發現，用刀背對著李的頭部狠打，當即致死。……陳登常，38 歲，息縣項店公社人，中農成份。去年 11 月 29 日，將他病重的 6 歲親生女兒掐死煮吃，5 月 2 日，又將隊裡的 2 歲男孩屍體吃掉，被捕後判 20 年，已死於獄中。

在群眾大量餓死的時候，幹部多吃多占的情況比較普遍，淮濱縣湯坡大隊前店生產隊的社員說："我們餓腫了，幹部吃胖了。"……

由於反右傾，幹部們都不敢說真話。信陽專署機關黨委書記李文耀，其妻姓文，回老家看到煮人肉吃，她沒有吃，帶給孩子吃。李文耀的父親餓得走不動了餓死在街頭。但李文耀還是說形勢大好，還積極批判張樹藩、余德鴻。余德鴻說："你老婆吃過人肉，你爹餓死了，你還批我，你有人性沒有？"……

余德鴻說：當年信陽庫裡有糧 10 億多斤，當年產量 29 多億斤，共 40 億斤。守著這麼多糧食還餓死人，真不應該。如果開倉放糧，就不會餓死人。後來還是信陽自己庫裡的糧食解決的，沒有從外面調糧食。饑民看著糧庫裡有糧，也沒有人想到搶糧食。有的農民坐在旁邊等著政府開倉放糧，他們坐在糧庫旁邊喊："共產黨，毛主席，救救我們！"有人就餓死在糧庫旁邊。

趙宋生
慶豐收
水粉　1973

"毀壞屍體" 罪

Jasper Becker

《餓鬼：毛時代大饑荒揭秘》

美國明鏡出版社

2005 年版

黨內檔列舉的名目中，還有更怪誕的灌輸恐怖的手段。（河南省）固始縣齊寺公社黨委書記江學忠，發明用煮熟的人肉作肥料，謠傳他煮過上百個兒童。後來經調查證實，他的確煮過 20 具屍體。⋯⋯

當公社食堂斷糧時，有的農民開始屠宰一些尚存的牲畜。地委書記路憲文立刻譴責這是"陰謀破壞生產"，並且要求懲處肇事者。隨後，凡屠宰牲畜家禽者全都遭到了野蠻的報復。平輿縣向陽店公社命令屠宰牲畜者一律為所殺牲畜披麻戴孝。有的受害者被用繩索穿著鼻孔遊街、批鬥，然後像牛一樣拉著犁去犁地。還有些人被剝光衣服毒打以後，再把血淋淋的牛皮捆裹在身上。等牛皮幹了，再把牛皮連同人的皮膚一道撕下。⋯⋯

各級政府還命令嚴禁收留逃荒者。僅固始一縣，就有 15000 人因為企圖逃荒遭到逮捕關押和送去勞改。在潢川縣，縣公安局長聽任 200 名關押犯人在獄中餓死，卻把省下的四噸糧食送給縣黨政機關。

⋯⋯在饑荒期間，全地區的國家糧庫依然糧食滿倉，農民們說，這些庫存的糧食足以讓所有農民存活。有好幾位接受採訪的人都證實：甚至在饑荒最嚴重時期，党的領導們仍然吃香喝辣。到 1960 年初，斷糧多日而又無法逃荒的農民開始大量死亡。一開始餓死的人大多是老人和被迫餓著肚子幹重活的人。稍後是婦女和兒童，最後竟至於全村死絕。僅息縣一個縣就有大約 10 萬人餓死，639 個村變得荒蕪人煙。新蔡縣的死亡人數也相差無幾。

這時候，無論田間路旁，處處餓殍，屍橫遍野。只有少數屍體被草草埋葬，更多的人只是在家中無聲無息地死去。

這年冬天，人吃人現象相當普遍。總的來說，村民們開始吃死屍肉，特別是吃餓死的孩子。甚至還有父母吃兒女，哥姐吃弟妹的情況發生。在多數情況下，公安局並不懲治人吃人，因為這比損壞國家財產和生產工具的罪行輕得多，後者則會招致殺身之禍。三十年以後……50 歲以上的人，都說自己親眼見過本生產隊的人吃人的場面。一位男性農民指著附近的幾間茅屋回憶說，有一天他到鄰居家時，看到鄰居正在吃 5 歲孩子的一條腿。這孩子是他的親戚，剛剛餓死。上級知道此事後，雖然批評了他，但是並沒有起訴他。總的來說，人吃人畢竟還是見不得人的秘密。有的婦女常常趁黑夜到村外的地裡割死屍肉來偷吃。多數死屍僅埋著一層薄土。

後來當局開始干預了。在一個公社裡，幹部們抓獲了一名 15 歲的女孩，這女孩正在煮她弟弟的屍體吃。公安局以"毀壞屍體"罪名將她逮捕。後來她在監獄裡餓死了。1960 年固始縣大約有 200 例因為吃死屍而犯"毀屍"罪的案件。

赵宗藻
四季春
木版 1960

206

吳光華
迎新娘
木版套色　1962

死屍有的只剩下骨頭架子

楊繼繩

《墓碑》

香港天地圖書有限公司

2009 年版

1999 年 9 月 10 日，在信陽獅河賓館，71 歲的余德鴻（1959-1960 年任信陽地區專員張樹藩的秘書）向本書的作者回憶說：

糧食被徵購走了，秋收剛過農民就沒糧食吃。我們到遂平縣石寨鋪檢查農業生產，路經青石橋大隊，想住在這個大隊裡。大隊長慌得不得了，我們說："簡單一點，隨便弄點吃的就行。"一直到晚上 9 點半他才端上吃的來，是幾塊南瓜做的糊糊。大隊長說："瞞也瞞不住了，你們不來我們南瓜糊也喝不上了。食堂停夥幾天了，我找遍了全村才找到這兩個小南瓜紐紐。"我們到息縣東嶽廟公社王廟大隊，已經下午 5 點半了還沒有人下地。為什麼不下地？

農民說："今天的飯還沒吃呢！"我們還看到兩棵榆樹被砍倒，樹皮被剝光，有人還一邊剝一邊吃。第二天到唐坡，高粱還沒有打苞，就把秫杆青的吃了。這還是秋收過後不到一個月的情況。以後的情況更慘了。不久，食堂基本都停了。到了農曆 10 月草根樹皮吃光了。以後就大量餓死人。我家在淮濱縣防胡，回去兩次。陰曆年前從包信到防胡幾公里路邊看到 6 具屍體，回到離我家 5 公里的防胡兩邊死人一片，一百多具屍體在野外沒人埋，走到河塘兩邊的葦塘裡，又看到一百多具屍體。外面傳說屍體被狗吃了，還說狗吃人吃紅了眼。這是不符合事實的，狗早被人吃完了，那時哪有狗？

開始死了人就抬出去，放在門板上用牛拖走，後來就抬不動了。防胡西邊的劉長營村，一家姓楊的，大人死了沒抬出去，剩下 3 個 8-12 歲的小孩靠吃大人的屍體維持了幾個月。後來從他家清理出一堆人骨頭，孩子說人的腳跟和手掌最好吃。

我採訪余德鴻兩年以後，他給我寄來一份他寫的關於信陽事件的回憶，其中寫道：

我於 1959 年 12 月份在回家的路上，僅包信到防胡的 9 公里的路旁，見到屍體約 10 具左右，其中，有的臀部及大腿上的肌肉已被割去，可能是被人吃了。我感到極其難過。從防胡回家的 4 公里的路旁，發現了更為嚴重的問題。在防胡西的幸福河沿岸，發現大片屍體，可能有百具左右。走到何砦村西的葦

208

塘附近又發現一片，數量也很多。……人吃人的情況幾乎村村有之，很多典型的悲慘事例，我實在不忍心再說了。

1999 年秋，我到淮濱縣防胡鄉高油坊瞭解當年情況。見到了七十多歲的老農民余文海和他的兩個兒子余海龍、余海濱。家裡空空的，余海濱在北京打工，剛回來秋收。余文海當年是小隊會計。他回憶說：

我爺、我娘、大爺、大娘、奶奶、2 個妹妹、一個娃子全都餓死了。村西頭一個坑裡埋了上百人。那時四個莊一個食堂。余莊、高莊、蔡莊、徐莊都集中在余莊吃飯。鍋拿走了，家裡不讓做吃的，連燒開水的東西也沒有，只好用搪瓷缸燒開水喝。在家裡想弄點野菜吃也難。有的家餓死人不抬出去，放在家裡用被子蓋起來。為什麼放在家裡？一是沒有力氣抬，二是想留個名額還可以在食堂領一份吃的。屍體在家裡放一個冬天，鼻子眼睛被老鼠啃了。

人吃人的現象不是個別的。我也吃過人。那是在大隊姚莊，我找生產隊長姚登舉開會，在生產隊辦公室我聞到肉香。他說：「吃肉吧。」我問：「啥肉？」他說：「死豬肉。」我揭開鍋夾一塊放在嘴裡，軟軟的。我說：「這不是豬肉。」他說這是別人割的死人肉，是從地裡死人身上片下來的，他拿來一塊煮著吃（談到這裡，送我來採訪的司機小陳問：人肉好吃嗎？余文海回答說：蠻好吃的！就是軟一點。）高莊生產隊的高鴻文有三個孩子，高鴻文到光明港修鐵路去了，他老婆把三個小孩都煮了吃了。在外面片死人肉吃的人不少，片大腿和屁股上的肉，餓死的人很瘦，肉不多。片來片去，外面的死屍有的只剩下骨頭架子了。那時吃人大多是吃死人，吃活人是個別的。那是冬天，死屍放在外面沒有壞。

余文海說，冬天過後，將死人都埋在村邊的一個大坑裡（這個坑是 1958 年挖的，原來是作別的用途）他領我到這個大坑邊，指給我看。我順著他指的方向看去，是一大片長滿了莊稼的土地，看不到任何痕跡。誰也不會想到，在這一片令人悅目的綠色下面，竟有幾百具餓殍的屍骨！不過，在原來的大坑附近，人們種了幾棵樹，已經長得很高了。只有這幾棵吸收了餓殍營養的大樹留下了歷史的記憶。

孫伯禮
豐收場上機聲隆
水粉　1977

"人肉好吃為什麼吃了吐呢？"

王志剛（中共河南省商城縣原縣公安局長）

《自我檢查書》

1962 年元月 7 日

三、破壞屍體和張國喜吃人肉問題

1959 年 11 月下旬，縣委書記張念中叫我跟他一塊到原上石橋鄉雙鋪管理區去工作，主要是破所謂吃人肉案件。我並帶領汪平凡、梁祁祖、張世均、何治國、黃體修等人，進行對吃人肉的人進行偵察。我共親自偵察吃人肉的事件四起，扣押四人，其四人都死在獄內，嚴重地造成了他們的家庭破產人口死亡。

特別是在 1959 年 11 月下旬，張畈大隊社員張國喜（三十多歲中農成分）將他侄子的心肝挖回家煮煮吃了。大隊給張念中報告後，張要我去進行偵察。我即帶領汪平凡前去張畈瞭解。

經瞭解，張國喜確實在埋他侄子時帶一口菜刀將心、肝割下來拿回家吃了。回管理區給張念中彙報，當彙報到張國喜確實把他侄子的心、肝吃了，張也承認吃了時，張念中問我你相信否，我說確實是吃了，別人也看見吃了。張念中說人肉根本就不能吃。我說能吃（因我見過吃人肉的）。

張念中說我就不相信人肉能吃，就像你這種思想就能偵破破壞屍體案了？我說我要向你彙報真實情況。張念中說我就不相信你的真實情況，你什麼真實情況，我說你思想有問題，我就是不相信人肉能吃，亙古以來也沒有聽說過人肉能吃，這完全是敵人破壞。人肉能吃，你去監督他吃不吃，非確實他不可。

我說他要是吃了怎麼辦呢？張念中說，那你不能定案，不確定不行，還是不能吃說人肉能吃就是破壞，非法辦他不可，你去找塊人肉看著他吃。

就這樣，我又和汪平凡回到張畈大隊，找到張國喜，問他人肉能吃吧？他說人肉能吃，我說人肉能吃，叫我看著你吃。張說我不吃了。我說你不吃不行，你先吃的不是人肉，說吃人肉你是有意破壞，叫我們看著吃才能真的。張仍然不吃。

我說你不吃不行，法辦你也得吃。後張說我哪有人肉呢？

我說不用你管，到你家拿把菜刀來，張拿了一把菜刀給汪平凡。我二人帶著張到了他侄子埋的地方，把墳扒開一點，扒一條腿，將（已腐爛的）腿肚子割了一塊（有五、六兩），在河裡洗了洗，拿回他家，由汪平凡跟著他炒熟（我在大隊部等著），張國喜拿到大隊部吃的。吃了不到半小時，張叫喚說不好受要吐，當時我說人肉好吃為什麼吃了吐呢？你以前吃的不是人肉吧？故意破壞說人肉能吃。張說以前也是人肉，我不是破壞，我要吐。

我說不準你吐，吐了也得吃了。結果，張就吐了，躺在地上叫喚不好受。我就叫人把他架回他家。我就和汪平凡回管理區，給張念中將上述情況彙報了。

張念中說怎麼樣，我說人肉不能吃，就是不能吃，為什麼吃了叫喚不好受呢？說人肉能吃，這完全是破壞，非法辦他不可，將他帶來了沒有？我說他病了不能來。張念中說病了也不行，把他弄來。我就給朱德田（縣工會主席）打電話說，叫他第二天將張國喜帶管理區。第三天就送縣監獄了，後死在監獄。

由於張國喜的被捕，也造成了他的父母因無吃想兒，先後也死。其妻、女兒也流離失所，造成了他們的家庭破產。這是嚴重的損失，是不堪設想的，我也給人民造下的重大罪惡。

黑龍江生產建設兵團十八團
建設邊疆 保衛邊疆
《工農兵畫報》封底 1970 年第 6 期

沈振東　楊志賢
夜哨
農民畫

216

馬亞利
儲備糧
農民畫

节约粮食问题。要十分
忙时多吃，闲时少吃，忙时
杂以蕃薯、青菜、蘿卜
事一定要十分抓紧。每年
吃用三件事（收、管、
且要抓的及时。机不可失
有储备粮，年年储一点，

北京糧食奪權委員會
毛澤東
《黨內通信》（1959 年 4 月）
節約糧食問題。要十分抓緊，按人定量，忙時多吃，閒時少吃，忙時吃幹，閒時
吃半幹半稀，雜以番薯、青菜、蘿蔔、瓜豆、芋頭之類。此事一定十分抓緊。每
年一定要把收割、保管、吃用三件事（收、管、吃）抓的很緊很緊。而且要抓的
及時。機不可失，時不再來。一定要有儲備糧，年年儲一點，逐年增多。

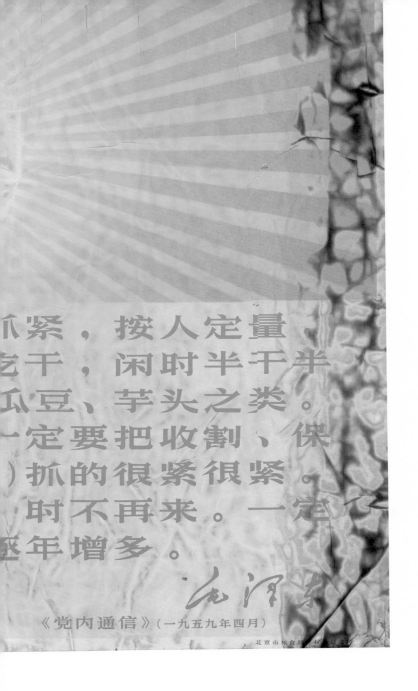

紧，按人定量
吃干，闲时半干半
瓜豆、芋头之类。
一定要把收割、保
）抓的很紧很紧。
时不再来。一定
逐年增多。

毛泽东

《党内通信》（一九五九年四月）

北京市粮食局〔印〕

"信陽事件"中的家鄉

姜樹青

觀察網

2012 年

（一）狗娘

　　"59 年"的冬天分外寒冷。幾個月來，因一直吃不飽，大家身體格外怕冷。幾天前，幹部要求幾個人共睡一個被筒或一個間房，大家互相依偎，也好禦寒。狗（姜樹遠的乳名）娘就和姜振安妻子朱氏、狗妮兒等四個女人睡在一個小房間裡。

　　狗娘是一個經常吃人肉的主兒，之前她多次夜裡去割死人肉，回來自己偷偷在罐子裡煮食。她的膽子特別大，在颳風下雪的夜晚，去割荒灘野地餓死的人的肉，她一般都是獨來獨往，從不害怕。再者，她吃人肉的事除回避生產隊幹部和一些積極分子外，一般社員則一概不避諱。這一點是其他吃人肉者不能比的。

　　這天夜裡，狗娘又從野外把一個餓死的小孩的兩隻胳膊截掉兜了回來。在房間裡，她把小孩胳膊截成一節一節的，先用罐子燉了一隻胳膊。肉尚未煮熟，房間已經充滿奇香。

　　終於煮熟了。狗娘揭開蓋子，用筷子紮了一塊熱氣騰騰的人肉，一邊用嘴輕吹熱氣，一邊貪婪地咬下一口，嚼了起來。

"真香啊。大家都來嘗嘗吧！好吃得很啊！香得很啊！"狗娘一邊嚼著人肉，一邊說。

開始，饑腸轆轆的幾個女人還猶豫不決，但聞到滿屋的香氣，又看到狗娘吃得那樣津津有味，她們再也無法拒絕。兩個女人趕緊過來，每人撈起一塊就吃。狗娘見和自己睡一個被筒的朱氏仍然坐在床上猶豫，就用筷子夾起壇裡僅剩的一塊人肉，交給狗妮兒，讓狗妮兒遞給一床之隔的朱氏。誰料狗妮兒接過來，自己吃了起來。

朱氏沒有吃到口，心裡有些不快。狗娘說：

"沒關係，我再燉另一隻就是了。"

接著，她把剩下的另一隻胳膊也給燉上了。

第二壇人肉煮熟後，朱氏不再猶豫。她下了床，來到罐子旁邊。狗娘用筷子在罐子裡給她挑選一塊肉質好、燉得爛的人肉遞給了她。她戰戰兢兢地吃了第一塊，感覺很好，只是還沒有吃飽。她又向狗娘要了第二塊。

據朱氏自己後來說，這是她唯一一次吃人肉。

(二) 孩兒娘

姜寨吃人肉最多的，孩兒娘應算其中的一個。

一天夜裡，她和弟弟姜樹彬一起，從"萬人坑"旁邊的幹溝裡背回一個餓死的人。屍體是一個十五、六歲的男性。由於兩人身體餓得都很虛弱，他（她）們輪換著才把屍體背回家。兩人先把屍體的頭割下，用刀費力地把顱骨砍開，取出人腦，放在大窯碗中，足足有一大碗；再打開腔，取出心、肝、肺等。最後，把四肢和軀幹各個部位的肉全部剔出。人肉裝了滿滿一盆。儘管這個人是餓死的，但其皮下還是有一層薄薄的脂肪，他們又把人的瘦肉和人脂分開來。孩兒娘說："人的腦子很好熟。半夜裡，我煮開半盆水，把從顱骨內取出的一大碗腦往開水裡一倒，腦就沉下去，因為這是生腦。放些鹽，再稍燒片刻，腦就漂了起來，可以吃了。人的腦子其實很好吃，很香。"

……

孩兒娘和姜樹彬把人腦吃完後，再把人肉煮熟，把人脂煉成人油。為了不讓其他人發現，兩人把煮熟的人肉裝在一個大罐子裡，把煉製的人油盛在一個小罐子裡，連夜在她家附近幹了底的大塘底部偷偷挖坑，把罐子埋起來。剔光肉的人骨頭，也坑埋在大塘底。之後，每天夜裡他（她）們就偷偷扒開罐子上的封土，掀開蓋子，取些人肉和人油，用罐子煨熱吃。冬天氣溫低，他（她）們的人肉一直吃了很長時間。

孩兒娘還向我介紹她煮人肉的體驗：「人肉不同於其它肉。你別看人皮和人肉很薄，可是用水一煮，很快膨脹，人皮和人肉都會變厚。所以人肉是越煮越'多'。」

當時的姜寨，除他們二人外，村中還有一些人在偷偷吃人肉。由於這事是萬萬不能讓別人（尤其是村幹部）知道的，人們也只能是猜測，大家心中有數，可是心照不宣。

姜樹彬的嬸子就懷疑姪子在吃人肉。據說有一天夜裡，他嬸子餓得奄奄一息，還不住地哀求著：「我餓啊！你們也給我一點（人肉）吃吧，我餓啊！……」

然而，誰又敢把自己煮的人肉給她吃呢！她的哀求聲越來越低，最後直到沒有。她當夜死去。

注：

姜寨附近的村子王大營的西邊一個溝灘，那裡在 1959 年冬扔的餓死的人較多。橫七豎八，餓殍一片。有一次，姜樹彬一人夜晚偷偷摸到這溝灘，割了五個人頭（有大人有小孩），背了回來。他把人頭劈開，取出腦來煮吃。據他說，人腦易熟且味美，香如豬腦。

（三）後背頭

姜寨吃人肉最多的，除孩兒娘外，村東頭還有一個外號叫後背頭的女人。

那是「59 年」的事。一連數月的饑餓，人們身體嚴重營養不良，出現各種生理反應。後背頭原來濃密的黑髮，竟脫落大半。女人沒有頭髮，光禿禿的頭頂很不雅觀，於是她把前額僅剩的少量頭髮向後一梳，蓋在頂上。如此雖稍好看，但形象滑稽，大家就半開玩笑半當真，送她外號：後背頭。說是外號，卻比原名響亮，時間一長，大家都只知道她叫後背頭，而沒有人知道她的原名了。

後背頭有一個十多歲的女兒，叫愛容。丈夫餓死後，後背頭和女兒相依為命。這些天食堂裡有時一天做兩頓稀飯，有時只做一頓，母女二人餓得實在撐不住了，就偷偷夜裡割些野外餓死的人肉回來煮煮吃。一天下午，後背頭見拖車從前面鄰居家拉出，一問方知是鄰居家的麻芳死了。麻芳是一個四十多歲的男人，兩個兒子姜漢崇和姜漢喜已去逃荒，他自己則活活餓死了。拖車把麻芳屍體拉出村，朝"萬人坑"附近的幹溝一倒，就算了事。後背頭對麻芳十分熟悉，知道他雖是餓死，但身上也還有些肉。她決定天黑後去弄點他的肉吃。

　　冬季日短，天很快黑下來。後背頭還沒有去，她擔心去得太早容易碰到人。好不容易挨到半夜，她拿起工具，帶上女兒，趁著夜色，摸到麻芳的屍體旁。伸手一摸時，兩人不禁大吃一驚：屍體已經被人開了膛，臀部和大腿肉早已被偷割去。她們把麻芳的兩隻腳從腳脖子處割了下來，又在身體其它部位割些肉，才偷偷摸回去。

　　連夜，母女兩人在里間房靠牆處小心地支上盆，把弄回來的"東西"往盆裡一倒，加些水，以盆代鍋偷偷煮了起來。煮了一段時間，兩人急切地撈出人肉就吃。咬一口，費了半天工夫也沒有嚼爛。後背頭對旁邊的女兒說："先別急吃，再煮一煮。"

　　她們把人肉、人腳放回盆裡，由女兒愛容燒火，又足足煮了半個時辰。

　　她們再次掀開蓋子時，一股帶著奇香的水蒸氣撲面而來。後背頭用筷紮了塊人肉，女兒撈出一隻人腳，兩人邊吹著熱氣，邊貪婪地吃了起來。

　　儘管煮了這麼長時間，待到女兒啃到腳底板時，卻還是嚼不爛。這是可以理解的，麻芳本是農民，終日勞作，真可謂"腳底板不閑"，這部位角質化嚴重，比別處肉質更結實，當在情理之中。

　　"59年"過後，過來的人們常在一起聊起各自經歷的苦難和辛酸，包括吃人肉之類的事，大家也都暢所欲言，說給大夥聽。一次，大夥又說起吃人肉的事，愛容接過話茬說："麻芳的腳底板嚼不爛，煮了那麼長時間，還那麼結實。……"

勝利的盛會
1961 年 6 月 30 日，北京舉行慶祝中國共產黨成立 40 周年大會的會場。

引導中國人民前進

劉少奇

《在慶祝中國共產黨成立四十周年大會上的講話》

1961 年 6 月 30 日

毛澤東同志和我們黨中央……制定了我國社會主義建設的總路線，這就是：鼓足幹勁、力爭上游、多快好省地建設社會主義。（鼓掌）

這條總路線的根本意義是什麼呢？就是要充分利用社會主義制度所提供的發展社會生產力的巨大可能性，調動一切積極因素，團結一切可能團結的力量……使我國能夠比較迅速地從落後的國家變為先進國家。（鼓掌）

我國現在還處在經濟落後的地位。帝國主義還在欺負我們。我國人民迫切要求擺脫落後的地位。毫無疑問，我們黨的這條社會主義總路線，是符合我國全體人民的願望的。（鼓掌）

在黨的社會主義總路線的指引下，從 1958 年以來，我國實現了連續三年的大躍進。同時，在我國農村中，出現了由農業合作社聯合組成的人民公社。這樣，總路線、大躍進、人民公社，就成為引導中國人民前進的三面紅旗。（長時間的熱烈鼓掌）

……

在總路線、大躍進和人民公社三面紅旗的光輝照耀下，廣大的工人、農民、知識份子，在建設的各個戰線上，表現了高度的積極性和創造性。人民群眾在大躍進運動中，發揮了創造新生活、新歷史的偉大力量。（鼓掌）

事實證明，中國共產黨和中國人民高舉總路線、大躍進、人民公社這三面紅旗，是完全正確的，完全必要的。（長時間的熱烈鼓掌）

作者和出版者不詳
還我家來，還我兒來！

共产主义是天堂 人民公社是天梯
通过天梯上天堂 天堂幸福无限量
五八年九月西安美专绘画系

西安美專繪畫系
人民公社好
水彩　1958

毛主席揮手我吃人

　　階級鬥爭，一些階級勝利了，一些階級消滅了。這就是歷史，這就是幾千年的文明史。

　　——毛澤東

侯一民　鄧澍　詹建俊　靳尚誼　羅工柳　袁浩
要把無產階級文化大革命進行到底
天津人民美術出版社　1972

"吃死人汁"

宋宏亮
《三十年前的溫州武鬥》
《華夏文摘》增刊第 158 期
1998 年 10 月 17 日

（在浙江省溫州的紅衛兵派系對）參與武鬥的成員實施了無情的報復。打，砸，抄家，遊鬥，逼供，這些在"文革"中屬家常便飯，就不去提了。當時還發明了"爬棺材下"、"吃死人汁"等手段來折磨落入手中的對方成員。

當時溫州城裡有多處"烈士"棺木的集中供奉處，被抓獲的對方人員被逼著跪在"烈士"面前"請罪"，逼著從架空的棺材下爬過去。由於時值酷暑，屍體腐爛，汁水滴下來，逼著"請罪"者吞食。一些"烈士"集中的地方，濃烈的氣味飄出很遠。

道縣殺人

譚合成

《血的神話：公元 1967 年湖南道縣文革大屠殺紀實》

香港天行健出版社

2011 年版

在中國的中南部有一個湖南省，在湖南省的南部有一個歷史悠久、物產豐富、人文薈萃的縣城－－道縣。

道縣位於瀟水中游，南嶺北麓，東接寧遠縣，南鄰江華、江永縣，西靠廣西全州、灌陽縣，北連雙牌縣，是為六縣交通樞紐。如果坐飛機向下俯瞰，你會看到一個四周青山環繞，中間水網交錯，狀如一片蔥綠樹葉的盆地。東邊是把截大嶺，東南是九嶷山系，南邊是銅山嶺，西邊是都龐嶺，其主峰韭菜嶺海拔 2009.3 米，為湖南第二高峰。大大小小 63 條河流呈葉脈狀流經盆地，其主要河流有 6 條：瀟水、洑水（宜水）、淹水（永明河）、泡水（蚣壩河）、泠水（寧遠河）、濂溪河。整個水系分佈情況可概括為 "六進一出"。一進一出是瀟水（瀟者清且深也），發源于藍山縣野狗山南麓，經江華、江永，從道縣審章塘鄉紅星村入境，南來北去，幾乎正好將道縣分成對稱的兩半，到梅花鄉的申尾村出境，流入雙牌水庫，然後經雙牌至零陵的蘋州注入湘江。它是道縣水系的主幹流。其餘五進是濂溪河、永明河、寧遠河、泡水、洑水等支流，從東西兩側呈葉脈狀匯入瀟水。弄清楚這點非常重要，這樣你才會明白，1967 年發生大屠殺的時候，為什麼會有那麼多屍體沿瀟水而下，流過道縣縣城（據好事者統計，最高峰時，一個小時內有近百具屍體流過，平均每分鐘 1.6 具），匯入雙牌水庫。以致雙牌水庫大量的魚因吃死人肉而脹死，惡臭的屍體擁塞大壩水道，發電站半年不能發電。

　　既然說到雙牌水庫，不妨再多說幾句。數百具屍體一下子湧進這個中型水庫，水都變了顏色，浮著一層腥紅油膩的物質。農曆七、八月天，正是湘南一年中氣溫最高的季節，太陽一曝曬，"焚風"一吹，水庫裡惡臭熏天，幾裡地外都能聞到。怎樣清理庫區的浮屍，成了一個叫人頭痛的大問題。當時的決定是安排四類分子子女來清理。這樣做有三條好處：一是打擊了階級敵人的囂張氣焰；二是有利於四類分子子女思想改造；三是淨化了庫區環境，還雙牌水庫一個山青水秀的本來面目。

　　……到水庫去出義務工。說起來要做的事情其實也蠻簡單的，就是駕著劃子（木船）把死屍拖上岸，挖個坑埋了。雖然臭氣熏死人，但埋別人的屍體總比自己的屍體被人埋要強多了。……站在岸邊向水庫裡一看，十幾具屍體圍成一個圈，浮在水面上，遠遠望去就像一朵開了的花。……駕著小劃子前去清理。劃近一看，原來這十幾個人是被一根鐵絲穿了琵琶骨串在一起，故而圍成一個圈分不開，用撐船的竹篙一鉤，其中翻過來的一具女屍懷裡還抱了個尺把長的嬰兒。

　　……一具具腫脹得像水牛一樣的屍體，男男女女，老老少少，有的獨單飄流，有的被索子（繩子）或鐵絲串在一起，像柳條串魚一樣。浮屍多的那幾天，河面上浮著一層暗紅的油膩。……

　　這些沿河而下的屍體，常常是裸體的，有的僅剩下些布條絲絲縷縷的掛在身上，大多數骨骼折裂，或肢體殘缺（最常見的是沒有頭顱）。要辨認出他們是誰，非常困難，饑餓的魚群已經把他們的臉啃得亂七八糟，眼睛剩下兩個深窩，嘴巴變成可怕的大窟窿。這些嘴曾經大段大段的背誦過毛主席語錄，曾經無休無止地向革命人民請過罪，曾經能夠非常愉快的歡笑和非常悲哀的歎息，現在已經全都無能為力了。

　　起初，屍體流過縣城道江鎮時，觀者如堵，人們瞠目結舌，駭然驚訝，議論紛紛。見得多了，又覺得不是什麼不可思議的事情，就像突然刮起一陣颶風，摧倒了一棵正在砍伐的樹。儘管謠言四起，說法各異，但這些屍體是什麼人和為什麼而死，卻是一個眾所周知的公開的秘密。

人們不再去關心河裡的那些屍體了，看見了也會很快地走開去，因為天氣很熱，屍臭非常難聞，還因為……他們也隱約感到自己有可能要殺人或被人殺了。

有些人躍躍欲試，有些人惶惶不可終日。

在這裡，道江鎮也遇到了一個與雙牌水庫有幾分相似的問題：那些屍體並不全部規規矩矩沿江而下，流出道縣，流入雙牌水庫。有些擱淺到城鎮的渡口邊、碼頭上、涵洞口，散發惡臭，既不衛生，又影響市容。地理位置緊靠河邊的解放街道居委會首當其衝。問題十分實際，不解決不行。像雙牌水庫那樣安排四類分子子女清理，在縣城裡實施起來有難度。解放街道居委會只好花錢雇了個癲子（精神病患者）來搞衛生。癲子要做的事比雙牌水庫四類分子子女的更簡單，拿一根長竹篙把擱淺在岸邊的死屍趕出去，讓它順流而下，流出道江鎮，就算完成任務。……一天到晚舉著一根長竹篙在河邊趕屍。

據說"黑癲子"是個桃花癲，特別喜歡趕女屍。一些小乃崽（孩子）又特別喜歡逗他玩，看見一具男屍謊說是女屍，喚"黑癲子"去趕。"黑癲子"屁顛屁顛跑過去，發現上當，便舉起竹篙罵罵咧咧地要撲這些小麻拐。小乃崽們一邊跑一邊笑得腰都直不起來。

由於學校停了課，家長們又都忙著搞文化大革命，這幫無人管的孩子，一天到晚在外面瘋野。他們跑到建有寇公樓的古城牆上，眺望繞城而過的瀟水和濂溪河，數著漂浮江面上的屍體，比試目力。

"一個，兩個，三個，四個……一共七個。"一個孩子說。

"不對，是八個。"另一個孩子反駁道。

……

恐怖的氣氛籠罩著整個道縣城鄉。

每一批漂流過去的屍體，都在炎熱的空氣中傳播著一種撩撥人心的信息。

到處可以聽到"階級敵人"組織"黑殺團"，"八月大組織，九月大暴動，十月大屠殺"，"先殺黨，後殺幹，貧下中農殺一半，地富反壞吃飽飯"之類的謠言。需要鄭重其事地指出的是，這些謠言不是"小道"傳播的，而是通過官方或准官方管道，在各種形式的黨員大會、幹部大會、民兵大會、群眾大會上堂而皇之進行傳達的。

到處可以看見"敵人磨刀，我們也要磨刀。""他們人還在，心不死"之類的最高指示。

到處都是"斬盡殺絕黑七類，永保江山萬代紅"的大幅標語和"貧下中農最高人民法院"的殺人佈告。

在設置了路障的公路上，在綠樹掩映的山村旁，在碧波拍打著扯筒船的渡口，在阡陌縱橫的田野裡，在車站，在碼頭，在一切有行人過往的地方，都有民兵攔關設卡、放哨站崗。佩戴紅袖章，荷槍實彈或扛著梭標鳥銃各式土制武器的民兵，日夜盤查行人。稍有動靜，就攥緊馬刀拉動槍栓喝問："幹什麼的？""什麼成份？"接著就是查看路條，搜身，盤問。稍有嫌疑或應答久妥，便捆起刑訊，弄得不好，小命不保。

道縣一中學生楊悅坤，家在四馬橋區大坪嶺公社沙窩大隊，暑假回家，路過興橋公社，被民兵攔住盤查。打電話到大平嶺詢問，回話說他是"革聯"的探子，於是被押回沙窩公社與四類分子一起處死。行刑前，楊悅坤高呼"毛主席萬歲！共產黨萬歲！"等口號，竟被挖眼割舌。

……

喝慣了清清河水的道縣人，已無人敢飲用被屍體污染的河水了……

道縣人愛吃魚，特別時興吃活魚。老縣城有個叫板子橋的地方，河水穿街而過，上面鋪滿木板，木板下一竹簍一竹簍的活魚養在河水中，等待買主選購。平素時分，一大早來買魚的人就擠得水泄不通，可是現在門可羅雀。魚價從每斤一元降到每斤一角錢，還是無人問津。因為據說有人買了魚，在魚肚中發現了人眼、人發、人的指甲……總之，在那之後將近兩年時間，道縣很少有人敢吃魚。

不僅道縣如此，與道縣毗連的雙牌也是如此。曾在雙牌水庫工作過的楊xx告訴我們："那一年，雙牌水庫的魚長得特別肥，又多。經常在清早，水面上會浮起一些十來斤的大魚，翻了白，都是吃死人肉脹死的。沒有人去撈，更沒有人敢吃，看見了躲都躲不贏。"

道縣人愛吃豆腐，道縣的豆腐很有名氣。縣城豆腐店多開在河邊，為的是就近取水。如今河水不敢用了，屍水豆腐誰敢吃？挑井水做豆腐，井水吃都不夠，還夠做豆腐？做豆腐的被迫改行做製作過程用水量較少的米豆腐。即便這樣，米豆腐仍然鮮有問津之人。店家只好挑著米豆腐，沿街叫賣："井水米豆腐！井水米豆腐哦！"

街面上有人貼出了"為革命吃河水"的大字報。一些革命闖將現身說法，帶頭飲用河水。

……

道縣殺人事件……從1967年8月13日到10月17日，歷時66天，涉及10個區，37個公社，占當時區、社總數的100%，468個大隊，占當時農村大隊總數的 93.4%，1590 個生產隊，2778 戶，占當時全縣總戶數的 2.7%，被殺光的有 117 戶，共死亡 4519 人，占當時全縣總人口的 1.17%，其中被殺 4193 人，逼迫自殺的 326 人。被殺人員按當時的階級成分，其中四類分子 1830 人，占被殺總數的 41.4%，四類分子子女 2207 人，占被殺總數的 49.9%，貧下中農 352 人，占被殺總數的 8%，其他成分 31 人，占被殺總數的 0.7%。按職業分類，農民 4208 人，占被殺總數的 95.2%，國家幹部 17 人，占被殺總數的 0.38%，教員 141 人，占被殺總數的 3.19% 醫務人員 20 人，占被殺總數的 0.45%，工人 34 人，占被殺總數的 0.77%。另外，被殺人中有黨員 8 人，團員 13 人。殺人後，遺屬深受其害，被查抄財產的有 2423 戶，3781 間房屋被侵佔或拆毀，5.3 萬件家俱用品被查抄，629 人被迫外逃，635 人成為孤老孤殘。

受道縣殺人事件影響，零陵全地區其餘十個縣市也在不同程度上殺了人。全地區（含道縣）文革期間非正常死亡 9093 人，其中被殺 7696 人，被逼自殺 1397 人；另外致傷致殘 2146 人。死亡人員按當時的階級成份劃分：四類分子（含右派）3576 人，四類分子子女 4057 人，

貧下中農 1049 人（部分人有不同程度的歷史問題，部分人因報復殺人而遇害），其它成分 411 人。未成年人 826 人。被殺人中，年紀最大的 78 歲，最小的才 10 天。

與殺人事件有直接牽聯的有一萬四千多人。以道縣為例，現已初步查明與殺人事件有直接牽聯的國家幹部 426 人，占當時全縣幹部總數的 22.6%（縣級主要領導人大多數牽涉在內），農村基層幹部 2767 人，占當時全縣基層幹部的 66.5%，共產黨員 3880 人，占當時全縣黨員總數的 36.9%。

……

處遺工作組的調查表明：

被殺的九千多人中，幾乎無一人在當時有過任何形式的反革命活動，幾乎無一人有過反抗，甚至很少有人敢於辯白，說自己無罪，問一聲 "我到底犯了什麼法" 就是最大的罪過。

這段時期，道縣破獲的七大 "反革命組織" 經查都系假案。

殺人的理由說起來很簡單，你是 "四類分子" 那就殺之有理，你不是 "四類分子"，把你打成 "四類分子" 或 "四類分子" 一夥的，也就可以殺了。

儘管類似的屠殺或不類似的大規模死人事件，在我們民族的歷史

上並不少見，遠的不說，僅以道縣而言，1960-1962 年三年困難時期餓死和病死的人就有三萬四千多人，是文革殺人事件的 7.5 倍，但在和平時期，對自己無辜的臣民進行大規模的殘酷屠殺，道縣文革殺人前無古人！殺不是問題，怎麼殺的，為什麼要殺才是問題。

對於死者，生命作為一種蛋白質的保存形式，是不計較結束形式的。對於生者，卻不能不深思，因為生者還要生存，更因為生者也會死亡。實際上，我們今天所做的一切，對生者應負的責任已經超過對死者應盡的人事。

一位處遺工作組的同志告訴我們這樣一件事，1985 年春，他在辦案點上詢問一個殺人兇手的殺人動機時，這個兇手理直氣壯地回答：“他們是階級敵人。不殺他們，我們就要吃二遍苦、受二茬罪。”另一個兇手回答得更簡單：“上頭要我殺我就殺，要是現在上頭要我殺你，我也會殺！”

……

道縣文革殺人事件是有其理論基礎的，這些理論基礎按層次可以分為三條：一、階級和階級鬥爭的理論；二、毛澤東的《湖南農民運動調查報告》；三、道縣是和平解放的，民主革命不徹底，殺人事件是民主革命補課。

京紡綜合批發部革委會

炮打司令部

水墨 1967

1967 年 8 月 5 日，毛在《人民日報》上發表《炮打司令部》一文。舉國震驚。這是毛
揮動的無產階級文化大革命的紅色屠刀，數以百萬計的人類，由此開始溺斃在血泊裡了

他同意你吃他肝沒有？

鄭義

《紅色紀念碑》

臺灣華視文化公司

1993 年版

（廣西壯族自治區）上林縣不僅確有吃人事，而且吃得較講究，大都只吃人肝。談起來很多，但認真立案的不多。老韋席間談到一案：某提肝行，遇一熟人，問：他（被害者）同意你吃他肝沒有？某一怔，答：他怎麼會同意？熟人說：本人未答應，此肝無效用。（當地人認為吃人肝可壯膽，大補。）

於是其又去捉一人，嚴刑逼道答應讓他吃肝，才活剖取肝。還提人肝以示被害者之母，曰：看，你兒子肝！

母昏死。

割肝時，人還會動眼珠

鄭義
《紅色紀念碑》
臺灣華視文化公司
1993 年版

談及吃人事，（廣西壯族自治區上林縣紀律檢查委員會）莫樹謀書記稱上林吃人事件不少，但"處遺"時工作十分緊張，未及專門立項認真清查。他隨口提及木山、龍樓、龍祥三例，其中龍祥大隊一案中，被害者系小派觀點，被誣為"暗殺隊"隊長，先用刀捅，後活剖。割肝時，錯將肺割走，再去割肝時，人還會動眼珠（該案一位黨員主謀，刑八年。）

高長大隊一案亦十分殘忍：大隊長兼治保主任周某系小派觀點，於是連他在內，全家被打死五名黨員。還將周的 18 歲女兒掛庫房梁上，脫得一絲不掛，以煤油燈燒陰毛。再叫四人接住手腳，強令一青年民兵當眾姦污。（主謀者大隊副主任，刑二十年，因肺病保釋在家。）

毛主席啊，毛主席！您老人家最瞭解群眾、最相信群眾、最依靠群眾。您總是和我們革命群眾心連心。每當革命的關鍵時刻，是您給我們指出前進的方向。

北京七機部新九一 《飛鳴鏑》國慶 18 周年獻辭 1967 年 10 月 1 日

"人肝好吃，快來吃個夠！"

鄭義

《紅色紀念碑》

臺灣華視文化公司

1993 年版

下午，到（廣西壯族自治區上林）縣檔案館查案卷，看了五名殺人犯檔案（注：謝錦文，策劃殺害鄭 xx，並參與吃人肝，84 年 3 月 22 日開除黨籍；黃彥新，68 年 8 月 8 日晚，參與殺害鄭 xx，並親自剖腹取肝，與其同夥煮吃，參與殺害三人，84 年 3 月 22 日開除黨籍；鄭編才，直接組織殺害十人，參與剖腹取肝、吃肝，84 年 3 月 22 日開除黨籍；潘吳渡，參與策劃殺害一人，參與吃肝，84 年 11 月 26 日開除黨籍，行政記大過，取消其 82 年提的一級工資），他們都參與吃人肝。他們的供述及數十人的旁證材料，描繪出一幅幅陰森的圖畫。我在採訪日記中作了以下記敘：

幾例都是晚上，點上燈以手掌蔽風，再去尋那未斷氣的受難者。同行數人先小聲商量，然後分別騎壓在受難者肢體上，壓住四肢，一人持"五寸刀"剖腹。一擠壓或一踢，肝便擁出，割下便走，緊張極，燈亦弄滅。回屋才發現匆忙之中竟多割了部分肺。割去肺及不認識部分，人小聲詢應。

　　然後有人回家去拿蒜，有人拿酒拿米。如煮豬肝似煮熟，七、八人坐沒燈的桌邊，就著灶火明滅之光亮，陰森森地，一夥人悄沒聲地搶食。有筷的用筷，沒筷的上手。吃過一陣兒，又覺太腥，終於剩下。次日晨，或稱豬肝騙其他同夥吃，或大事喧囂："人肝好吃，快來吃個夠！"

　　有人囑執刀者給他留塊生肝，回家晾吃，有婦女帶上體弱有病兒子匆匆趕去，巴望多少能吃到一塊人肝。

　　整整一下午，直看得淚流滿面。五份材料中，提及吃人肝起碼有五、六十處。有兇手們的供述，有目擊者的證詞，還有被害者的遺屬之申訴，確是永世難翻之鐵案。使人遺憾的是，這五份案卷的兇手，都未受到應有的法律制裁，僅僅開除中共黨籍了事。

　　有意思的是，在藍登崗的案卷中，居然還透露出免於法辦的過程：1968 年 7 月，上林縣白墟公社龍樓大隊殺害韋硯康和蘇國安兩人並取肝分食。黃蘇忠等兩人剖腹取肝，藍登崗等二十餘人參與煮吃。

　　除此，藍還參與指揮打死群眾十二人，其中親自動手殺七人，參與輪姦遺屬一人。84 年 6 月 21 日，縣委要求追究刑事責任，縣法院依法判處十三年有期徒刑，以平民憤。84 年 7 月 21 日，上林紀委將其開除出黨。但是，85 年 3 月 11 日，南寧地委政法治委員會"根據區黨委桂發（1983）54 號文件'關於宜寬不宜嚴，宜粗不宜細，宜少不宜多'的方法"決定不予追究刑事責任。

群眾專政

鄭義

《紅色紀念碑》

臺灣華視文化公司

1993 年版

1968 年 8 月 16 日淩晨，一聲巨大的爆炸。天未明，（廣西壯族自治區上林縣白墟公社）全公社的有線廣播喇叭便把酣睡中的人們喚醒，報告了一個驚人的消息：為了顛覆新生的紅色政權，一小撮階級敵人在夜幕掩護下爆炸了公社革委會，當天"聲討一小撮階級敵人爆炸紅色政權萬人大會"緊急召開，號召對階級敵人實行群眾專政。匯水橋頭是預定的屠殺場地，紅旗飄飄，人頭攢動。小派觀點的幹部群眾及倒楣的"四類分子"一排排跪滿河灘。區（鄉）委書記、區長、區婦女主任亦跪在即將被群眾專政的隊伍中。在吳福田（後判死緩）等人指揮下，屠殺開始了。

受難者被一排排驅趕到河邊，瘋狂的群眾拳腳交加，木石並下。頃刻之間，血肉飛濺，無辜的人們一排排倒在血泊之中。毆打得不耐煩了，便一排排推入河中，在岸邊，橋上架起機槍，向那些掙扎遊動者掃射。20 歲的區婦女主任藍秀飛第一槍未死，尚高呼"毛主席萬歲！"、"共產黨萬歲！"

鮮血使受難者丟棄了生的幻想，紛紛高呼"毛主席萬歲！"自動走到河邊，從容赴難。一時間，口號震天。大批殺人看來並非易事：頑強的求生意志支撐著垂死者在江水裡掙扎不休。於是有人向"四類分子"許願，稱將末死的受難者拖回岸邊交群眾打死便可免他們一死。

當然，允諾只是欺騙，結局早已決定：當善游泳的年輕"四類分子"子弟，將瀕死的同難者一次次拖回河岸悉數打死之後，他們的下場並不比別人稍稍美妙。除去一部分"帶回大隊去批鬥"而事實上半路便打死的以外，上了死亡名單的人無一漏網。一位受難者奮力遊出殺場，兇手們沿河窮追 2 裡之遠，終將他殺害。河水變為血色，河灘汪了血泊。以至於當天到過現場的都扔掉了浸透人血的鞋。

……我們走進一間破舊的小土屋，見到了鄭建邦的遺孤鄭啟平。一個面目清秀而謙和的小夥子。他聲音低微地談起往事，時時顯出幾分拘謹不安。……（鄭啟平說）：

……我父親被打死後，才過 2 天，母親又被他們打死，再推到河溝裡，說我母親是自殺。打死我母親，是說我母親用毛主席像做紙人。……什麼紙人？就是圍場上嚇麻雀的紙人，用舊報紙做的，報紙上有毛主席像片。我二叔"木山慘案"（中）被打死了。同一天晚上，大哥也死在"木山慘案"（中），還給他們吃了肝。二哥不能走路，是個殘廢，活活餓死了。奶奶投奔姑姑去了。我父親早就把我送到了姐姐家，那陣我父親剛剛被鬥爭，他看這形勢不對。我們一家五口被害死後，風聲越來越緊，他們到處找我，想斬草除根。姐姐怕出事，又悄悄把我轉移到三裡的親戚家。正好趕上"三裡慘案"，街上到處踩的是血腳印 我還能記得三至橋頭和河裡到處是血和死人，各家都在那裡翻屍體認人。只好又回姐姐家。那陣我還小，只有 6 歲，我好想父母親，總鬧著要回家。只曉得害怕，不懂發生了什麼事，更不知父母親和兩個哥哥都死了。直到 83 年處遺開始，才知道大哥被他們吃了肝……後來我上了學，在學校裡，也給人瞧不起。

老師同學一提起文化大革命，我就覺得抬不起頭，沒臉見人……直到今天，一家人的屍體一個也找不到，"木山慘案"一百多人屍體都被四類分子拖去亂埋了，大多數找不到了……賠禮道歉？不知道，沒有。從沒有人來找我賠禮道歉……

……陪我們去學校的兩位鄉幹部還提起一件慘事："木山慘案"被害者中，還有一位二十出頭的青年潘展才。那日他正在耙田，忽來人通知他馬上去開會，刻不容緩。他只有把牛和耙留在田裡，前去送死。

六、七十歲的老父老母拖著一輛爛木車去收屍，裝上屍體又拖回來到處尋地掩埋。社裡的坡不讓埋，自己的自留地也不讓埋。 如此死無葬身之地，有何彌天大罪？不，他僅僅是一個"小派觀點"！

萬般無奈，老倆口只好跟跟蹌蹌將兒子屍體背上荒山，回家取來火油（煤油）和四斤黃豆（有黃豆能把屍體燒盡，骨都化作灰），再砍了松枝架上，一把火燒了。老人悲慟欲絕，呼天搶地：自古以來，誰見過自己動手燒自己親生兒子！天啊，我是頭一個，天啊，你睜眼看看吧！……

作者不詳
1968 年，廣東博羅，全家合唱毛主席語錄歌。

拍攝者、拍攝時間、拍攝地點不詳
堅決支持無產階級革命派的奪權鬥爭

幹革命，心紅紅的！

鄭義
《紅色紀念碑》
臺灣華視文化公司
1993 年版

（在廣西壯族自治區鐘山縣，）早該是頤養天年的年紀了，可你為何要下手殺人取肝？老人（易晚生，被害者鄧記芳一案主凶）的開場白極英勇豪邁："對，我什麼都承認！我反正八十六歲了，反正活夠了，還怕坐牢？"說罷，老人挑戰似地望著我……

為什麼要殺他？他們上山當土匪，弄得全村不安。我那陣子是民兵，每天晚上站崗巡邏，幾十天時間，槍托子把衣裳都磨爛了！

……他父親有什麼罪惡？有一年春荒，不借糧，反倒借外村人。上山當土匪，還帶土匪來攻村子，解放軍把土匪打跑，救了一村人，犧牲了一個姓錢（錢海）的戰士。還叫人把村裡準備燒石灰的幾萬斤草一把火燒了，害得燒不成石灰！

……是我殺的，誰來問也是這個話……不怕！那麼多群眾支持，殺的又是壞人，不怕！……冤鬼報仇？哈哈，幹革命，心紅紅的！毛主席不是說：不是我們殺了他們，就是他們來殺了我們！你死我活，階級鬥爭！

……我犯了錯誤，應該由政府來殺，不該由我們來殺……我動的手。頭一把刀割不動，扔了，第二把刀才剖開。掏心肝不是我幹的。

（案卷："在把鄧記芳的腔腹剖開以後，易晚生去掏心、肝、膽、腎。因胸腔的血很熱，無法下手把心、肝、腎、膽等臟腑拿出來，易晚生就往鄧記芳的腹腔戽過河水，再把腹腔的溫度降低以後，易晚生即把手伸進鄧記芳的胸腔裡，把裡面的心、肝、膽等臟腑挖出來，用刀切碎後放在板子上。"）……心肝取出來，切成手指頭粗細，群眾都來搶，人多，連我也沒吃上。

（案卷："黃炮球一刀就搶去了大半，回到家在門口用鍋頭 xx（兩個字無法辨認）來吃，而且分一部分給群眾吃……易晚生拿了三個指頭大兩寸來長的肝回去吃。"）

祖國山河一片紅
宣傳畫

"吃美人心"

鄭義
《紅色紀念碑》
臺灣華視文化公司
1993 年版

在（廣西壯族自治區）蒙山縣，吃人事件據說不多見，沒有專門統計，但"吃美人心"一案卻著稱於世。蒙山甘棠大隊小學教師莫某，聽說吃"美人心"治病，便在殺人狂潮中參與將他一位極為美麗動人的女學生（十三、四歲）訂為"專政對象"，並主動要求參與殺人。小姑娘慘遭殺害後，兇手們一起撤離現場，他心懷鬼胎獨自留下。

濃重夜色中，他手執鴨嘴鋤，剖開小姑娘胸膛，挖走人心，回家獨享。這是 1982 年案卷中的記述。但一年之後，見處遺運動並不嚴厲，且"吃美人心"一案傳遍全區，民憤極大，官民紛紛要求判處死刑（有的處遺工作人員甚至言之鑿鑿：莫某已被判處死刑，是廣西全區十數例死刑之一），於是 1983 年翻供，矢口否認吃了"美人心"。這份翻供的案卷我見到了：

稱女學生死時還背一小弟，胸上有交叉的背帶，剖胸十分困難。民兵們一走，他一人在黑暗中十分害怕，心未取走便逃之夭夭。

請蒙山的同志查找 1982 年的案卷，甚至親自到檔案館求人查找，皆未果。1982 年的材料不明不白地失蹤了！

252

連骨頭也分

鄭義

《紅色紀念碑》

臺灣華視文化公司

1993 年版

（廣西壯族自治區柳州）全地區文革中死人六千，融安縣死千余，武宣縣死五百餘。（處理：融安縣捕十九人，武宣縣捕三十人；全地區無死刑、死緩。）

吃人情況：有些縣有吃人現象。武宣則吃人成風。一有械鬥，老太太都提上籃子去等。人一死，一擁而上，擠在前頭的割好肉，後來的割不到肉，連骨頭也分。幹部中吃人肉者也不鮮見，如造反起家的武宣縣革委副主任王文留（女）。最初下面反映她專吃男性生殖器，中央工作組彙報上去，中央大為震驚，83 年五、六月間，幾次三番打電話來催問為何還不清除出黨。經落實，她只吃過人肉人肝，現已開除黨籍，降為工人。

吃人最殘忍者活剖、活割。人還活著，一塊塊割下來油炸吃。（整黨辦）門（啟均）副主任還談到一情況："處遺"期間，自治區曾下過一個檔：凡吃過人肉者一律開除黨籍。後擔心文件落入香港人手，暴露廣西吃人肉情況之普遍（以致需自治區專門對吃人肉者制定懲罰條例），一律收回。但仍按檔規定執行。

旗如海
歌如潮

1966

毛主席挥手我前进

毛主席揮手我前進
宣傳畫

派系爭鬥

鄭義

《紅色紀念碑》

臺灣華視文化公司

1993 年版

1968 年 4 月 15 日（廣西壯族自治區武宣）縣革委成立。但隨即武宣進入最混亂最血腥的時期。縣革委中，每派代表兩人，但領導幹部是大派觀點。因此，小派指責為"派性委員會"，而大派則要打倒小派，保衛"新生的紅色政權"。矛盾迅速激化。一次在武宣文革史上具有轉折意義的大規模武鬥終於釀成：1968 年 5 月 4 日，小派在港務站抓了大派小頭頭梁某等三人，並搜走一百二十元一角八分。大派以此為由頭，調集大量武裝民兵進城，至 10 日，已完成對小派所有據點的包圍。

10 日，東鄉大派小頭頭廖某巡視戰區時被冷槍擊斃。大派隨即大舉進攻，以"小炸藥包送大炸藥包"的辦法（從越南戰場上學習的，據說比一般炮彈威力要大得多。）轟擊小派制高點。武鬥進入高潮。

與此同時，10 日下午 13 時，縣革委召開緊急會議，研究對策。縣革委主任，武裝部長文龍俊宣稱："根據現實情況，怎樣處理，打也好，教育也好，都是處理方法。"在"紅色政權"的縱容下，局勢愈加嚴峻。

11 日，大派下達總攻擊令。各戰區（大派此役分五個戰區）向各自目標發起進攻，採取逐巷逐戶逐牆爆炸開路的戰術，緊縮包圍圈。

12 日，北方柳州、南方貴縣數百武裝民兵馳援大派，形成南北夾擊。小派孤立無援，彈盡糧絕，已成敗局。是日深夜，炸藥包轟鳴，戰火四起。小派力不能支，棄陣突圍。在橫渡黔江時，遭到大派在河對岸的埋伏，生者棄船落水，泅渡逃命。

大派又將渡口拖輪開出，以探照燈搜索擊斃。次日晨，武鬥結束，打掃戰場。僅在石人坪一處便殺俘三十餘人。這場武鬥死亡九十七人（大部分是殺俘），是除南寧市以外，全區一次性武鬥死人最多的一次。小派武鬥總指揮周偉安于 13 日凌晨突圍，14 日晨逃至祿新區大榕被抓獲。大派副總指揮潘茂蘭聞訊，專程至大榕將周的頭顱和雙腳拿到祿新，為武鬥死者覃某、黃某開的追悼大會上懸掛於樹，"祭奠英烈"。

以人頭腳祭奠，雖然殘忍，但在這個"萬人追悼大會"上，不過是餘興。在此之前，瘋狂的人們已將兩位逃跑學生"活祭"過了。覃守珍、韋國榮兩學生，被綁縛於祿新糧所前公路的兩棵大樹下，"活剖生祭"，"祿新中心校工友黃殿峨用殺豬刀剖，後右手提刀，左手提二副人心、肝走。""據說會後又將人肉拿回縣城煮，同豬肉一起，分食。"

……此案有"活剖"、"死剖"二說。支持"活剖"的證人，除上引之吳宏泰（柳州地區教育局處遺工作組長）外，尚有杜天生（前縣公安局長、前縣"處遺"辦主任）："二學生被活活剖腹取心肝，吃肉。"

廖某（老祿新街小學校長）："（兩學生）開會時，拉到會場，綁兩棵桐油樹上，活剖。周圍樹上掛滿人肉、肝、心。腥得很！"

……武鬥總指揮周偉安的頭顱及腿腳，象徵著小派的覆滅及大派在武宣上地上的偉大勝利，得之不易，自然當加以充分利用。

"萬人追悼大會"當日晚，大派陳 xx 用自行車將周頭和一腿馱回縣城。人們到周家，把頭與腿扔給周妻韋淑蘭，並戲謔地問道："這是周偉安的頭和腳嗎？"

"是。"

"那今夜你就抱他頭和腳睡覺吧！"

第二天，將周頭及腿掛縣城最熱鬧的集市墟亭旁示眾。

那一日，武宣城內成百上千的人都看到了如下場面：周偉安的人頭掛在墟亭邊樹上，還有大腿骨。人頭上眼還睜著，腳底板肉還沒割。把周偉安老婆帶來，還有另一個女的，叫劉玉紅，一齊跪下。

問：“這是不是你老公？”

周老婆低頭說：“是。”

又問：“你老公是不是壞人？”

“是。”

再問：“這大腿骨是不是你老公的？”

“是。”

……又叫兩女人脫掉上衣，大庭廣眾之下，不脫。便有人用刀從背後把衣服劃開，捅一刀，說：“太瘦，不能吃！”

據吳宏泰掌握的材料，虐待狂們還“強迫吻臉、摸頭，韋淑蘭昏倒在地。”

（是周妻被捅一刀還是劉玉紅被捅一刀，或兩人各被捅一刀？提供情況者未能說清，或我當時未記錄清。）

女人們咬牙忍痛，一聲不吭，但頭上身上全是汗。因為都是小派家屬。周偉安老婆當時已懷孕七、八個月，就要生的樣子……。

周家的慘劇尚未結束，株連之網再度張開。這次的犧牲者是周偉安的四兄周石安。理由十分充分：大饑荒的 1960 年，周石安鋌而走險，偷了公家一包大米，被判刑 7 年，剛從勞改地釋放回家不久，算“勞改釋放犯”，屬於“二十三種人”；再加上弟弟周偉安是“小派壞頭頭”。理髮匠廖夥壽把周石安從家裡抓出來，推到縣城十字街，高呼：“這就是周偉安哥，他要替周偉安報仇！”

隨即將周推倒跪地，群毆開始……打半死，拖到西門碼頭。……動手割腹的是王春榮，要心肝，用五寸刀割開，腳一踩，心肝冒出來，就割。接著其他人也一起動手，一會兒把肉割光。用小木船把骨頭運到河中央扔了。……聽說王春榮下手時人還沒死，用刀割開後還喊了一聲……

縣處遺辦陳紹權：“周石安要被遊鬥挨打我親眼見。當時我剛剛走到十字街，見周石安被綁在電線杆子上，低著腦袋，已經被打得奄奄一息。我害怕，趕忙往東街走了。聽人們後來說拉到西門碼頭剖腹割肉。打昏後剖腹，一切開，還沒掏肝，周石安呻吟一聲，雙手往胸前合抱，嚇得動手的人忙躲開……”

……

在舊陋的貧民街區一間陰鬱的小屋裡，找到了周氏兄弟的兄長周傑安。一雙驚恐疑惑的眼睛、一張全無生氣的虛胖的臉。當我掏出種

257

種證件、介紹信證實身份，說明來意之後，那眼睛中驚疑之光一旦熄滅，便成了兩點了無光彩的黯然。那張虛胖的灰臉上除了困頓落寞，除了毫無意義的沉淪，你再也找不到何物。語言同樣罩上一層冷寂的死灰色，連檔及證詞中透露出來的那一絲情感也無以覺察。手足之情呢？往事之酸辛與苦痛呢？抑或一瞬眼的潮濕、嘴角的微抖？一切屬人的情感似乎都已死滅！我簡直可以擔保：如果立即宣佈將對他實行"群眾專政"，他定然會不加辯解地默默隨我而行。漠然陳述過兩弟之死，又漠然陳述了兩弟死後之事：

……處遺時，按規定給了二百二埋葬、撫恤費，兩人加起來有四百四。把肉吃完，兩人骨頭也找不到了，埋葬費還是都給了的。

周偉安三個女兒，周石安一兒一女，都長大了，都沒給安排工作。兩個都不是國家職工，當時在鎮上組織的勞動隊，搞點搬運什麼的。……現在我們很為難，街上很多人吃過他們的肉，現在還恨我們，我們抬不起頭。也沒人來賠禮道歉，恨得我們要死。今天是你來，武宣的人來，我們不敢講半句。……家也被砸爛抄光了。52年土改分給我們房，68年攆下農村，房子歸了公。至今未處理。是分地主的房子，當時沒給房證，現在說當時沒分定給你們。我們父親是工人，我舊社會十四、五歲就開始當工人，土改時候劃了貧民成分。老家是廣東，跑日本上來的……當然，二百二少了點，算起來，吃一口豬不如吃一個人：但倘若死一人二千二，國家財政也許會崩潰？

注：
二十三種人如下：
一、國民黨時期留下的殘渣餘孽及其後。
二、新中國建立前的地主老財及其後。
三、思想觀念基本還停留在剝削階級社會的人。
四、雖跟著共產黨鬧革命卻只為自己打江山坐天下的人及其後繼者。
五、解放後一直對公有制社會主義極其不滿的人及其後。
六、一直想顛覆我社會主義制度卻在毛澤東時代未能得逞的國內外反動勢力及遙相呼應的人。
七、毛澤東時代被管制被改造的人。
八、否定文革後佔據國家和人民共有財富者和多數既得利益還備受執政者親寵的人。
九、當政去除了"幹部隊伍"、"人民公僕"身份後，進入"官場"樂於被稱為"官員""先生"、"老闆"的人。

十、想通過投機取巧獲得利益的不勞而獲者。

十一、死灰復燃的宗教職業者和各類迷信職業者。

十二、遊山玩水、遊手好閒者和從他們手中撈大錢而見林毀林，見水污水的"旅遊業"搶佔者。

十三、厭學厭教、不讀書、不看報，跟著唱吼歌、爛歌、臊歌的歌手和只為掙大錢的球員瞎胡鬧的人。

十四、能以無本的"性"獲得高收入和大享踐踏傳統美德和社會主義道德規範的性行為者。

十五、不仁、不義、不忠、不孝、反恩為仇的、好吃懶做的社會混混。

十六、熱衷於鋪張浪費，鄙薄勤儉節約，仇視艱苦奮鬥的人。

十七、無視於國家集體他人利益常欲損公肥私，損人利己的人。

十八、長期通過制假販假縱假護假獲大利的人。

十九、社會黑惡勢力團夥及燒、殺、搶、盜、偷、賭分子。

二十、完全靠走關係、開後門獲取公職或擠入官場者。

二一、可以和已經卷走本屬國家和人民共有的鉅資投入帝國主義懷抱，還受"產權法"保護的人。

二二、想和已經通過"開放"掠奪中國資源的外商。

二三、想通過反毛使中國年輕一代完全失去國家和民族信念反革勢力。

無產階級文化大革命就是好！
宣傳畫

红衛兵

大革命就是好！

群眾運動

鄭義
《紅色紀念碑》
臺灣華視文化公司
1993 年版

毫無疑問，大武鬥是武宣文革史中的重大事件。它直接造成近一百人死亡，其中 4 人竟被挖心掏肝，割肉分食的慘劇。可以說，它與"刮颱風會議"一起，把富於首創精神的人吃人群眾運動推向了高潮。但它絕非理解武宣吃人事件的鑰匙，更絕非吃人事件之原因。

在深入研究之前，我一般地同意武宣人的如下觀點：武宣之所以後來吃人成風，根源於武鬥之酷烈以及此種酷烈造成的瘋狂復仇心理。分析了具體案例，我發現絕大部分與武鬥和武鬥餘波毫無關係。而且，數例吃人案發生在大武鬥之前。例如 1968 年 5 月 4 日，通挽區古佐大隊批鬥覃和家、覃允琢，然後用粉槍（霰彈槍）打死，割肉分食。又如 1968 年 5 月 14 日，通挽區花馬鄉韋昌孟與韋昌幹、韋炳環等 11 人，把路過花馬村的鄰縣人（貴縣石龍區鳳凰鄉祿放村陳國勇）殺死吃肉。"韋昌孟首先用大刀把陳砍死後，韋昌幹接著剖腹取肝，拿回村上煮宵夜吃，分兩桌有二十多人參加吃。"

此案發生於大武鬥同時，但與武鬥並無關係。我認為，武宣的吃

王為政　李問漢
崢嶸歲月
宣傳畫　1967
1966 年 8 月 18 日，北京天安門廣場舉行"慶祝無產階級文化大革命群
眾大會"，毛在天安門城樓第一次接見來自全國各地的百萬群眾和紅衛
兵。從 8 月 18 日到 11 月 26 日，毛先後八次在北京接見紅衛兵和學生
1300 萬人。自此，文化大革命迅速進入武鬥的高潮。

人運動源於黨政軍當局所唆使、鼓動的"刮階級鬥爭的十二級颱風"嗜殺狂。

　　1968年3月19日，武宣縣發生首例私刑處死，不僅未受法律懲處，反而得到鼓勵。

　　於是，殺人事件逐漸蔚然成風。5月底6月初，柳州軍分區召開"刮颱風會議"，武宣縣革委主任、武裝部長文龍俊和三至區革委主任潘振快出席。

　　6月14日，武宣縣革委在縣城召開縣、區、大隊、生產隊四級幹部會議，傳達貫徹軍分區"刮颱風會議"精神。文龍俊在會上號召："對敵鬥爭要刮十二級颱風。方法是：充分發動群眾，依靠群眾專政，把政策交給群眾。搞階級鬥爭不能手軟……"

　　於是，自大武鬥之後已經平息了整整一個月的武宣，頓時變成一個處處是殺場，處處開人肉宴席的人間地獄！

　　那位活剖周石安的屠夫，志願軍復員軍人王春榮已歇業整整一月。在縣革委"刮颱風會議"期間，又操起他的五寸刀，為武宣的無產階級專政偉業作出了特殊貢獻。在武昌區召開的批鬥會上，譚啟歐被活活打死，黃振基等被打休克。在遊街途中，黃振基醒來抬頭向王春榮求饒說："同志，原諒我嘛！"王春榮搖晃著閃閃發光的五寸刀，氣焰囂張地說："嘻！嘻！原諒你五分鐘。"

　　隨即令拖的人不停地向前拖，到達中山亭時，王即令停下，同時手持五寸刀，一腳踏上黃振基胸上，活生生地剖開腹部，挖出心肝而死。

　　這一大剖殺了幾個人，我手頭的官方檔沒有記載。但據首任縣"處遺"辦主任、公安局長杜大生及前"處遺"辦"未經任命的秘書長"、親手整理吃人名單的陳紹權證實："那天剖了五個人。"王春榮親自剖了幾個人，檔亦無記載。

　　但據陳紹權及整黨辦李、楊、周、何證實："王春榮見肝花花綠綠"，"見肝有污點"，扔掉再剖。還是這個王春榮，在武宣墟日（6月17日）的遊鬥中，在新華書店門前，又活剖了大米廠臨時工湯展輝（湯燦威？）。"王春榮手持五寸刀剖腹取出心肝，圍觀群眾蜂擁而上動手剖肉，湯命絕身亡。"

　　然後，王春榮春風得意，提人心肝至食品公司豬肉門市部，人肉豬肉並佐以調料，一起烹熟下酒。

當時，真是人山人海，人海人山！階級敵人難受之時，正是革命人民開心之日。

這是一個革命的節日，人海之中，已"靠邊站"的縣法院院長毛景山對身邊一位軍官說："這樣亂殺人，像話嗎？你們該管管了！"這位軍官是縣武裝部副部長，縣革委副主任嚴玉林。權柄在握的父母官答道："群眾的事，管不了哦！"

他當然不會挺身而出，制止殺人吃肉。他剛剛從一個號召"刮颱風"會議的首長席上下來，又漫步蹺入眼前這個"刮颱風""現場會"的觀眾席，他不動聲色，混跡於芸芸眾生，正感受著呼風喚雨的巫師目睹腥風血雨驟然應召而至的那種暗喜與自得。

就這樣，在一位偉大統帥的總導演下，在一位現役軍人的執行導演及一位退伍軍人的熱情主演下，武宣的土地上，一場人類文明史上沒有先例的血腥醜劇進入高潮。自此之後，"吃"戒大開。每會必鬥，每鬥必死，每死必吃！在活剖生割及人肉大會餐面前，往日令人膽寒的私刑處死，已愈來愈顯出它的寬容與仁慈。

"縣副食品加工廠會計黃恩范去晚了，得不到肉和肝，他砍一條腿骨，拿回單位給（與？）工人鍾桂華等人剔肉煨燉吃。"

同日，武宣中學也大擺"人肉宴席"。在官方檔中，僅有以下簡短記載："1968 年 6 月 18 日，武宣中學吳樹芳在批鬥中被打死後，肝被烘烤藥用。"

"以吃人肉為榮"

鄭義

《紅色紀念碑》

臺灣華視文化公司

1993 年版

在柳州，根據整黨辦副主任門啟均提供的線索，到地區教育局找到督導員吳宏泰。他是地區教育局"處遺"工作組組長，曾任武宣中學校長，對武宣文革有發言權。吳宏泰十分熱情地接待了我……他向我詳細介紹了武宣的一些重大吃人案。第一天，則主要談了武中吃人案。他是一名戲劇性的參與者，又是後來的清算者，一切都在他腦海中栩栩如生。

武宣中學是一所著名學校。1960 年，全柳州地區選拔兩所先進學校赴京開會，武中便是其中之一。文革時，他是校長，自然是"走資派"。親見親歷的許多殘暴事件，使他頓感生命已毫無意義。他悄悄走出校門，走到江邊，走到小洲上，脫下鞋，整齊放好。就在他準備躍入滔滔江水之時，一位放羊老人趕著他的羊群走過。老人昏花而智慧的老眼一眼看穿，喃喃說道："快過去了，快過去了……"一句樸素而睿智的話使他摒棄了死之誘惑。

他穿上鞋，又回到這個充滿罪惡的世界。然而劫難逝去的卻不很快。1968 年 6 月 18 日晚，語文教研組組長及地理圖畫老師吳樹芳被打死。這在當時算不了什麼，全校領導、教師，除了 5 個貧農出身的之外，全都被批鬥。令人不解的是，一幫武裝的學生找到吳安泰及另外 3 名"黑幫"（文革後校長韋天社、數學教研組組長覃馳能、教師何凱生），令他們將吳樹芳屍身抬到幾裡之外的黔江邊。

幾個學生持槍押送。大批學生遠遠跟隨：……傅秉塑（高二的學生）把一把菜刀扔到屍體邊說："特務，割他的肉，吃宵夜！……不要把腸子割破了，割破了把你們一起擁到河裡去！只要心肝！"

我們四個"黑幫"蹲在地上，有人把刀先塞給我。我拿著刀，手直打顫，怎麼也下不了手，割不動。

根據他人回憶，吳宏泰剛一動刀，便昏厥過去。學生們一邊罵，一邊把刀給了覃馳能。在手電筒光裡，覃馳能咬牙下了手（不下手可能真要把我們也幹掉，學生們殺氣騰騰的。）割了心肝，還有大腿上肉，有的裝在塑膠提袋裡，有的就血淋淋地掛在長槍上往回走。

後來經調查落實，在三個地方煮：一是大廚房，喊張工友（女）開了門，煮熟後七、八十個學生吃了肉；一是革委副主任黃園樓的宿舍，用瓦罐煮，他沒吃，有四個學生吃了；一是三十一、三十二班教室外走廊的屋簷下。

割了肉，吳樹芳的屍骨，當時就扔到了河裡……

處遺時，武中文革副主任因吃人肉開除了黨籍，還理直氣壯，說：吃人肉，吃的是地主肉！吃的是特務肉！"當時還說端了碗給支書吃，現在死不承認。當時以吃人肉為榮……"
……

當孩子們被教唆為食人生番之後，這個民族便再無希望與未來！老師吃得，學生自然也吃得。3 日之後（6 月 21 日），來鄉區上棉村召開批判武中學生張富晨的大會。批鬥未久，一位 12 歲的孩子（黃xx）用木棍將張打昏。兇手黃培剛則用五寸刀朝張的胸部捅一刀，張掙扎扭動著身子。黃培剛又在旁邊拿一塊石頭砸張的太陽穴，按著又連捅了兩三刀，從胸部直割到肚臍處，取出心肝。隨著廖水光割去張的下陰，其它人即蜂擁而上把肉割完。

人肉如何烹食，文件未有說明。但至少有一點可以肯定：由於村民們有常備鍋灶，死者的善後事宜，必然比學生們處理得較為文明。

再隔一日，武宣鎮對河大隊相思村發生了一起官方檔稱之"慘無人道"的殺夫姦妻的"滅族"案。據前縣公安局長,首任"處遺"辦主任杜大生介紹,事起於以隊長為首的一夥人輪姦了黎xx之妻,怕將來黎家報復,於是便宣佈黎家兄弟叔侄皆"四類",且家裡有槍,"我們不殺他們,他們就要殺我們"。決定渡過黔江,到縣城中心鬥殺黎姓男人,令全隊人人手持棍棒,不去不記工分。1968年6月23日中午時分,相思村的人們出現在正逢墟日的鬧市,"……李炳龍等人用鐵線把黎明啟、黎中元、黎中傑的腳扣住,一只能艱難地走動,還用繩子捆頸綁手……游到菜市時,即令黎(氏)三兄弟跪下,李炳龍當場宣佈這3人的所謂罪惡,並高喊:'該不該殺!'圍觀的群眾答:'該殺!'李炳龍等人片刻即將被遊鬥者活活敲死。"

然後,"將屍體拖至黔江邊,黃啟煥等人剖腹取肝,割生殖器後,棄屍于黔江"。

該黃啟煥為縣銀行人員,後將人肝拿回銀行,由余悅榮加工烤制,分為9包,分給多人,以備藥用。

兇手們得勝回村,當夜李炳龍、李炳文、左伯洪、章志華輪姦黎xx之妻,並抄家拆房,錢財洗劫一空,然後將黎家的豬殺了、菜割了,大會其餐,以慶賀"群眾專政"的偉大勝利。

男人死絕,女人改嫁,自此該村再無黎姓了。

红色恐怖萬歳！
宣傳畫

漫画专刊　红卫兵上
百丑图

彭德怀　彭真　罗瑞卿　陆定一　揭尚昆　贺

王光美　薄一波　安子文　陶铸　林枫

张闻天　李井泉　陈再道　吕正操　王任重

王克诚　王明　陈独秀　瞿秋白　杨秀峰

乌兰夫　曾毅秋　揭田光　钱文伯

陈石显　高岗　烧潋石　蒋南翔

荣高棠　方毛喉

紅衛兵上海紅捍衛東風編輯部
百醜圖
漫畫專刊　1968

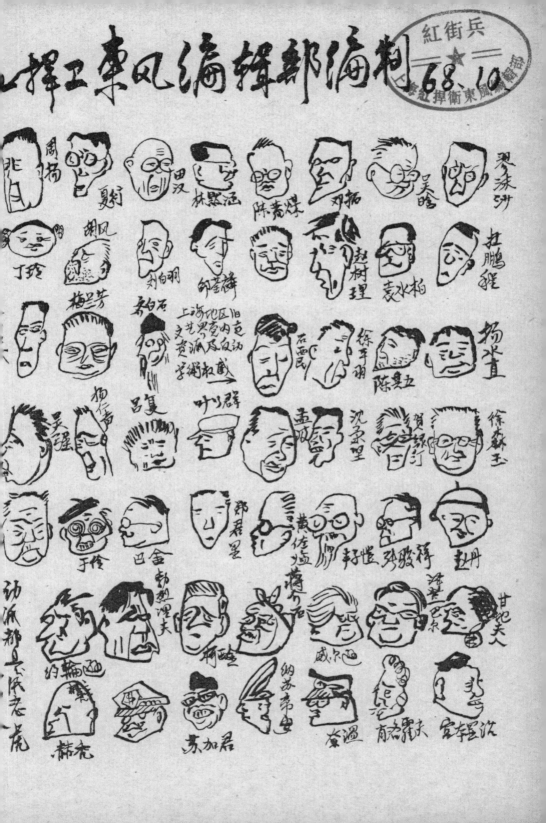

烹人肉，在政權所在地集體會餐

鄭義

《紅色紀念碑》

臺灣華視文化公司

1993 年版

從發案日期之集中，完全可以想像出在"刮颱風會議"之後的十天之中，武宣的人吃人運動已達到了一種怎樣的恐怖與瘋狂。人血不是水，無論有何種"正當"的理論作支撐，殺人吃人者在自己的酷行面前都要付出心理的代價。終於，他們也挺不住了。"6 月 26 日，縣革委開會研究階級鬥爭形勢。各區革委主任、區武裝部長在彙報了殺人進度（一百二十餘人）之後，紛紛要求不再搞"街上游鬥"了。

面對這種疲軟退坡情緒，縣武裝部政委、縣革委第一副主任孫瑞章大為不滿，他督陣打氣說："不要害怕！怕什麼？不這樣就不能把階級敵人壓下去，就不能大長人民的志氣！不要怕，還要繼續搞遊鬥！"

會後，武宣的殺人吃人運動進入鼎盛時期。

（這是一個生割活人的典型案例：）1968 年 7 月 x 日，通挽區大團村第十生產隊甘剋星組織開會批鬥甘大作，後將甘大作拉到附近田邊，甘業偉喝令甘大作跪下，當甘業偉一棍往甘大作的頭上打去後，尚未死，甘祖揚即動手脫甘大作的褲割生殖器，甘大作哀求說："等我死先嘛，你們再割。"

甘祖揚卻無動於衷，慘無人道地繼續割去甘大作的陰部，甘大作在撕人肝腑的慘叫聲（中）掙扎，令人毛骨悚然。甘維形等人爭著割大腿肉，甘德柳剖腹取肝，其他人蜂擁而上，將甘大作的肉割光……

（這是一個"人肉會餐"的典型案例：）1968 年 7 月 10 日，在三裡區上江鄉門前開批鬥大會，在批鬥中亂棍打死廖天龍、廖金福、鍾振權、鍾少廷，4 具屍體肉被割，拿回大隊部廚房煮兩大鍋，有二、三十人參加吃。

在眾目睽睽之下，膽敢在區、鄉基層政府所在地烹人肉，集體會餐，在群眾中造成極壞的影響。

多人告我，甘祖揚在動手之先，曾大呼："'七寸'（生殖器）是我的，誰也不准割！"

那一天也是蜂擁割肉，熱鬧非凡。有人親眼見一白髮蒼蒼的老嫗，奮勇奪到一塊人肝，心滿意足地提肝回家，天正下微雨，雨水和著肝裡的血水邊走邊滴，把一路染得血淋淋……

湯文選
打倒反動派
粉畫　1967

傅鲁沛
團結起來爭取更大的勝利
紙本　1969

清除出党

鄭義

《紅色紀念碑》

臺灣華視文化公司

1993 年版

……還記得那位據傳專吃男性生殖器而使中共中央大為惱怒的女革委副主任王文留吧？在官方文件中，我找到如下簡述：

在濫殺大吃的狂潮中，東鄉區三位刁姓小派逃上駕馬山。1968 年 7 月 10 日，東鄉區武裝部長兼糾察隊長覃忠蘭命令糾察隊三個班與金崗鄉加強民兵班上山"剿匪"，圍捕逃亡者。刁其珊死裡逃生，刁其瑤墜洞身亡，刁其棠被擊斃。"羅先全用五寸刀挖割刁其棠的心肝，用竹籬裝著，由隊員黃廷傑背回區公所，分一些給區（委？）組織委員覃榮光，當天晚上糾察隊員在區公所伙房圍鍋煮來吃，加強民兵班隊員王文留還拿兩片人肉回家給其母吃。

女民兵王文留，以吃人肉出名之後，步步高升，最後竟官至武宣縣革委副主任。近代中國進步文人在斥罵酷吏殺人起家之劣跡時，常用"不惜以人血塗紅他的頂戴花翎"這一套語。然而對王文留及武宣一批幹部卻無法套用：他們不僅殺人起家，還是吃人起家的！

武宣縣整黨辦李、楊、周、何曾為王文留申辯，稱當時全縣"確有吃生殖器之風，但王文留當年僅 18 歲，還是個未出嫁的姑娘，想來是不可能的。經落實，她確實吃過人肉，已清除出黨，清除出幹部隊伍。現在柳城縣一個水庫當工人。"

"像挑牛骨頭一樣抬去埋了"

鄭義

《紅色紀念碑》

臺灣華視文化公司

1993 年版

黃家憑校長被食案是蜚聲全區乃至全國的大案，我必須收集到盡可能多的材料。唯一補救的辦法是採訪黃校長的子女。所幸黃校長有一子一女仍在武宣。……黃家兄妹倆如約來見。一雙人見人愛的好兒女！請他們坐下，卻不喝水也不抽煙，只兩雙清澈的眼靜靜盯著我，目光裡有禮貌地流露出淡淡的疑問。又將證件掏出，請哥哥黃啟文看，然後細細談了來意。

兄妹倆漸釋然，慢慢沉浸到他們生命中最慘痛的那一段噩夢。當時黃啟文十歲，啟玲才五歲。父親被批鬥後，一家人從桐嶺趕回老家立志村。大寨式評工，政治第一，母親只給半個工，吃不飽穿不暖，還沒房子，一家人只好住叔父牛棚。

村裡把父親從桐嶺中學抓回來關押批鬥一個多月，每日黃啟文送飯。在孩子的眼裡，父親總是舊創未愈，又添新傷，打得連路都走不動。風聲越來越緊。父親自覺在劫難逃，請母親去找當年一起搞地下鬥爭的老戰友，那人在鄰村是個革委會委員，說話尚頂事，請他出面說情保一條命。

母親回來了，垂首無語。連孩子們都感覺到了一種無可抗拒的恐怖漸漸逼近。果然，不久父親便被學生抓回學校，很快，傳來噩耗：父親被打死吃肉！孩子懂得了母親的淚水，也懂得了世間的殘忍。大隊不允許孩子們上學，啟文放了四年牛。對於啟文來說，從不知牧童的閒適，而時時感到死亡陰影的不捨追逐。孩子打孩子同樣是殘忍的。一次，小學生們令他提水去擦洗牆上的舊標語，一夥幹部子弟領著三、四十個小學生用事先準備好的牛鞭毒打幾死。幸好母親聞訊趕來，發瘋地衝入人堆，把渾身血跡、氣息奄奄的啟文搶出來，否則必死無疑。

　　見性命難保，堂叔便帶他逃亡海南島。挑擔、挖土方、打石渣、扛一百五十斤海鹽包裝車皮……去時14（歲），直到父親得到昭雪，他才敢回到已闊別近十年的武宣。

　　啟玲也文靜地回憶起她的童年。啟玲才5歲，便朦朧感到人世之可怕。5歲便開始挨打。上學後，孩子們一見背著小書包的啟玲，便群呼"叛徒女兒！叛徒女兒……" 然後照例追逐毆打，奪過書包，撕書，折筆，……無處可逃的恐懼，使啟玲小小年紀便得了心臟病……

　　當妹妹啟玲談到許多父親當年的學生掌了權，吃過父親的肉，因此現在特別恨他們兄妹……

　　1968年7月1日晚8時，在桐嶺中學十丙班教室批鬥（副校長）黃家憑。校"革籌"副主任謝東主持會議並講了話，批鬥會持續約1小時後，謝東宣佈散會，（學生）覃廷多等4人，各持棍棒押解黃出會場，行至電話室門前時，覃廷多喝令"打"，聲落棍下，朝黃打了一棍，其他人不約而同蜂擁而上，將黃家憑亂棍打死。

　　……作為教育和培養人材之地方，將一個老幹部黃家憑的肉割光，骨肉分離，只剩骨骼……令人不寒而慄。
　　……

　　這一日，桐嶺中學一片繁忙烹調之景象：廚房在煮人肉，教師宿舍在煮人肉，女生宿舍在煮人肉，教室前房簷下在烤人肉，校園裡在烤人肉，到處可見兩磚支一瓦再複一瓦的自製"烤爐"……

　　不配吃肉，而只配收屍的四位黑幫教師，用兩隻小小竹簸箕便收拾起黃校長的遺骨，"像挑牛骨頭一樣抬去埋了。"

　　四人之一的語文教研組組長周樹榮老師曾作如下證詞：

　　7月2日下午5點，喊我們4人去埋，黃校長屍體在操場外廁所旁，2個竹箕就裝下了。頭被打得黑腫，大腿、小腿、手上的肉全部割光，生殖器、心、肝割光，胸腔裡空洞洞的，腸子流出來。我們忍著眼淚，提心吊膽裝進竹箕抬去埋了。

登峰造極

鄭義
《紅色紀念碑》
臺灣華視文化公司
1993 年版

經過在武宣等縣的緊張採訪，我也許可以概述廣西文革的吃人場面了。根據情緒特點，我將其大致分為如下三個階段：

一、開始階段：其特點是偷偷摸摸、陰森恐怖。上林縣數案較典型：都是夜深人靜，兇手們摸到殺場破腹取心肝；都是恐怖慌亂，如之尚無經驗，割回的不是肺，便是帶了一塊肺，便戰戰兢兢再去……煮好了，就著灶口將熄的餘燼，數人悄悄搶食，誰也不說一句話。次日晨，喚同夥來吃剩餘，怕人們不敢吃，詭稱牛肝牛心。待吃完後，才得意洋洋宣佈吃的是某某的心肝。

二、高潮階段：大張旗鼓，轟轟烈烈。此時，活取心肝已積累了相當經驗，加之吃過人肉的老遊擊隊員傳授，技術已臻于完善。譬如活人開膛，只須在軟肋下用利刃拉一"人"字形切口，用腳往腹部一踩，（如受害者綁于樹上，則用膝蓋往肚子上一頂）心與肝便豁然而出。

為首者及有權者割心、肝、生殖器而去，餘下任人分割。紅旗飄飄、口號聲聲，場面盛大而壯觀。有些"聚餐會"和有的村莊，則別具特色：

278

將人肉與豬肉切成大小相同的塊兒混煮，將大鍋置於視線之上，村人列隊，每人夾一塊。

當我最初的驚駭與憤怒已被大量醜惡所麻痹之後，發現這竟然是一個饒有趣味的心理學現象。出於"階級仇恨"、"立場堅定"、"劃清界線"等等集體瘋狂，人們的群體心態是決心吃人；然而不可能完全泯滅的被壓制的良心卻又頑強抗議。 這時，妥協的方案便是：參加吃掉這個人，但最好自己又沒吃人。於是，人肉豬肉混煮，盲目夾一塊吃的"創造"便同時滿足了互為矛盾的兩方面心理要求，使獸性與人性達到了高度的自欺欺人的妥協，使集體瘋狂與個體良心並行不悖。

……

三、瘋狂階段：其特點可用一句話概括："人吃人的群眾運動。"

如武宣，人們如大疫流行之際吃死屍吃紅了眼的狗群，吃狂吃瘋了。動不動拖出一排人批鬥，每鬥必死，每死必吃。人一倒下，不管是否斷氣，蜂擁而上，掣出事先備好的菜刀匕首，拽住哪塊肉便割那塊肉。肉割淨，便是大腸小腸、骨頭零碎也將就。還有人告我，其老太太聽說吃眼可補眼，她眼神兒已不好，便成天到處轉悠，見有"批鬥會"，便擠進人叢做好準備。被害者一被打翻在地，她便從籃子裡摸出尖刀，剜去眼睛掉頭便走。而幾位老頭子則專吃人腦。砸碎顱骨取腦頗不易，便摸索出經驗：每人攜一粗細適中之鋼管，一頭在砂輪上磨成利刃，當人們割完肉後，才慢悠悠擠過去，反正無人與他們搶人腦，每人在顱骨上釘進一根鋼管，趴下就著鋼管吸食，如幾人合夥以麥管吸食一大罐優酪乳！

有婦女背孩子來，亦有子女將人肉攜家孝敬父母……不僅一般群眾，就連天真純潔的少男少女，教書育人的教師，也毫無例外地捲入了人吃人之狂潮，那殘存的一點點罪惡感與人性，也被"從眾心理"淹沒淨盡。

吃人狂熱如瘟疫席捲大地，其登峰造極之形式是毫不誇張的"人肉宴席"。先行批判鬥爭，亂打濫殺，生剖活割，然後將人心、人肝、人膽、人腰 、人胸肉、人裡香、人大腿、人肝子、人蹄子、人蹄筋、人爪子、人下水、人排骨、人大骨、人"錢肉"……用煮、烤、炸、煎、炒、燴、酒泡、文火煨燉種種烹調方式，加工成豐盛菜肴。連校園裡、縣醫院裡，連大隊、鄉、區至縣的各級政府的食堂裡，到處嫋嫋炊煙，到處"人肉宴席"，飲酒猜拳，論功行賞！

橫掃一切牛鬼蛇神
宣傳畫

被吃人肉者部分名單

鄭義

《紅色紀念碑》

臺灣華視文化公司

1993 年版

《武宣縣被吃人肉者名單》(1983 年 7 月 4 日統計　武宣縣處遺辦)：

黃茆公社九人

1 新貴：黃禮康、覃偉成、黃德安、黃德惠、覃乃光、黃榮昌

2 大浪：覃世情

3 上兀：覃會文

4 馬天：覃守珍

二塘公社 二人

5 四通：覃國良

6 朗村：方宏南

武宣公社九人

7 官祿：韋尚明、譚正清、黃振基、譚啟榮

8 雅村：覃榮生、盧漢才

9 大祿：陳魁達

10 草廠：黃志華、郭冀基

武宣鎮六人

11 武北：覃乃武

12 北街：周石安、周偉安

13 河邊：楊貴才（？）

14 西街：湯展輝、梁文振

三裡公社十人

15 上江：廖金福、鍾振權、鍾少廷、廖天龍

16 台村：陳承雲、陳漢甯、陳徐建

17 五星：李占龍、李錦良

18 五福：陳大長

東鄉公社八人

19 三多：雷炳緒、吳華堂

20 金崗：刁其棠、劉達瑞、劉茂槐

21 長龍：張福展

22 李運：李瑞仔

23 麻村：劉業龍

祿新公社二人

24 古祿：林信忠

25 上堂：梁道邦

桐嶺公社三人

26 統安：韋國榮

27 大同：廖耐南

28 新龍：譚世譚

通挽公社十一人

29 花馬：陳國勇

30 大昌：張文美、張永亨

31 大團：甘加杞、甘大作

32 尚滿：陳光厚、 張孟團

33 江龍：陳炳現

34 古佐：覃和家、覃允琢

35 安村：陳天然

國家幹部四人

36 桐嶺中學：黃家憑

37 武宣中學：吳樹芳

38 黃茆小學：張伯勳

39 組思靈衛生所：韋金光

其中吃肉後砍頭的 1 人，挖心肝約 56 人，割生殖器的 13 人，全部吃光（連腳底板肉都被吃光）的 18 人，活剖生割的 7 人。

……吃人絕非武宣一縣之專利。吃人之風遍及廣西全境。吃得瘋狂的也不止武宣，各縣官方及各地幹部群眾都曾向我羅列吃人成風的縣名。

我沒有可能進行全面深入之調查，甚為遺憾。碰巧我手頭上有一份官方文件，附帶提及吃人事件：

……據一些典型材料寫到的，僅靈山縣檀墟、新墟兩公社就有 22 例，合浦縣石康公社有 18 例，浦北縣北通公社定更大隊有 19 例，欽州縣小董茶場 3 例。

根據我們手頭掌握的材料，武宣吃人最盛的兩公社僅有 21 例，比靈山縣兩公社 22 例尚少一例；武宣一個公社最高達 11 例，而合浦縣石康公社則有 18 例；武宣縣黃茆公社新貴大隊吃人最多，不過 6 例，而浦北縣北通公社定更大隊竟高達 19 例？雖然這種比較方法並不科學，但如果並非為了證明立論者之觀點精心選擇的特例，而是一種隨機性的抽樣調查（欽州材料的獲得基本屬於偶然），則具有很高的參考價值。總之，它至少可以證明：吃人之風遍及廣西，許多地方與武宣不相上下，甚至可能超過武宣。

人烤著好吃

鄭義
《紅色紀念碑》
臺灣華視文化公司
1993 年版

他（謝錦文，文革中將 150 人打成反革命、組織吃人者）是當時的革委會主任，後又任大隊支書。……見我只問吃人細節，頓時輕鬆起來，主動談起他光榮的吃人歷史。謝參加過中共遊擊隊。1948 年，一奸細帶國民黨警察來抓人，他們殺了奸細，剖腹取肝分而食之。（有史料記載：井岡山紅軍也殺人吃心，尤其是新戰士。原由與謝錦文一般：壯膽壯身）……我突發異想，問道："過去用瓦片烤的肝好吃還是這次煮的好吃？"答："人烤著好吃，香，煮著是腥的。"

除了心理、生理的極端厭惡之外，對這位食人者我還有幾分謝意。感謝他點透了一個重要的事實：吃人是歷史的繼續。可以吃奸細的肝，自然可吃"二十三種人"的肝，可以吃國民黨的肝，自然也可以吃對立派和"走資派"的肝。紅軍、遊擊隊可以吃人肝，"革委會"、"貧下中農"、"革命群眾"自然同樣可以吃人肝。只要是以階級鬥爭，無產階級專政的名義便可！

作者和出版社不詳
我們心中最紅最紅的紅太陽毛主席和我們在一起
中國畫

新鮮人肝獻給毛主席

余習廣

《大躍進•苦日子上書集》

香港時代潮流出版有限公司

2005 年版

1969 年，中共召開"九大"。

廣西有人竟異想天開，想起人肝能滋陰補肝，竟在"無產階級專政"對象中，專門選取年輕體壯的，將其殺害以後，選新鮮優良的人肝，精心制做了瓶用瓦罐焙制的人肝粉，要敬獻給"偉大領袖毛主席"，以"敬祝毛主席萬壽無疆！"

後來一看形勢不對，於是自己一天幾勺給吃了個乾淨……

上海復旦大學紅衞兵《東方紅》造反總部
毛主席萬歲　萬歲　萬萬歲
宣傳畫　1969

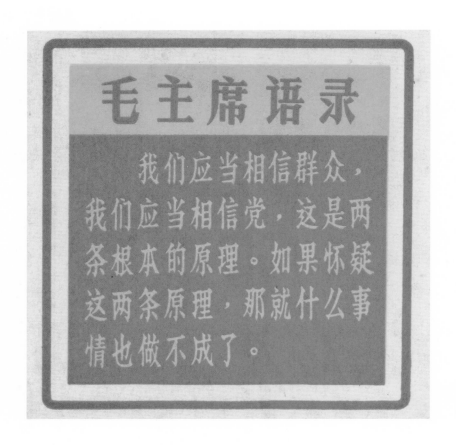

毛主席语录

我们应当相信群众，我们应当相信党，这是两条根本的原理。如果怀疑这两条原理，那就什么事情也做不成了。

吃肝補肝

余習廣

《大躍進・苦日子上書集》

香港時代潮流出版有限公司

2005 年版

你問文化大革命中間武宣大規模吃人事件，同苦日子吃人肉有沒有關係？當然有關係了。苦日子年代吃過人肉的人傳出話來，說是吃人肉大補哇，快餓死的人吃了都能救命，吃肉補肉，吃肝補肝，結果文革就發生了大規模吃人的事件，那是後遺症……

在當時，（廣西）石龍縣不少地方發生因饑餓難耐的人吃人事件。三裡、盤龍、東鄉、二塘、河馬等地，饑餓的人們趁夜晚出去刨墳，將新埋的死人刨出來，剔下肉來拿回家去偷偷摸摸地煮熟了吃。

吃過人為什麼不能繼續當幹部？

小平頭

《廣西"反共救國團"冤案始末》

觀察網

2006 年 10 月 31 日

文革中廣西濫殺無辜，不僅數字驚人，而且手段及其野蠻殘忍。僅據欽州地區數例為證。

最慘無人道者，首推剖腹食肝了。據《欽州地區文革大事記》記載，僅欽州地區的靈山縣壇墟、新墟兩公社就有二十二例，合浦縣石康公社有十八例，浦北縣北通公社定更大隊有十九例，欽州縣小董茶場有三例。

1968 年 9 月 7 日至 17 日，上思縣革委會召開"農業學大寨"四級幹部會，會上貫徹"七·三"佈告，以三代會（農代會、工代會、紅代會）名義在上思中學召開"群眾專政"大會，公開殺害十二人，並將部分死者割腹取肝，拿到縣革委飯堂煮食。食人肝者竟然也有縣、社領導幹部。

該縣思陽公社武裝部長王召騰下到和星大隊佈置殺人，當晚殺了鄧雁雄一人，並開腹取肝與兇手一起煮食。他還勉勵大家都要吃，說吃了人肝膽子就大。次日，王召騰又佈置殺害四人，剖腹取肝，傳令每兩三個生產隊分一人肝吃，以致"共同專政"。

文革後期，廣西群眾曾強烈要求："吃過人的人不能再當幹部！"

而韋國清（廣西壯族自治區革命委員會主任）、劉重桂（中國人民解放軍廣西軍區副司令員）之流則回答說："為什麼不能繼續當幹部？——對吃過人的人也要作具體分析嘛！"

毛主席是世界革命人民心中最红最红的红太阳

陶天恩
人民心中紅太陽
水粉

周思聰
大唱國際歌
粉畫　1969

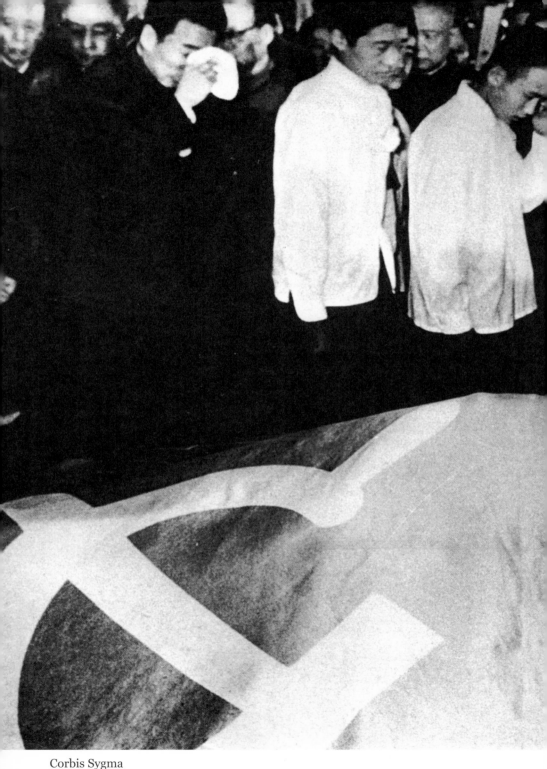

Corbis Sygma

1976 年 9 月 9 日，毛澤東死了。哀悼者接二連三地依序向他的遺體行注目禮。
毛生前遺憾地說："我一生幹了兩件事，一是和蔣介石鬥了那麼幾十年，把他趕到
那麼幾個海島上去了。抗戰八年，把日本人請回老家去了。……另一件事你們都

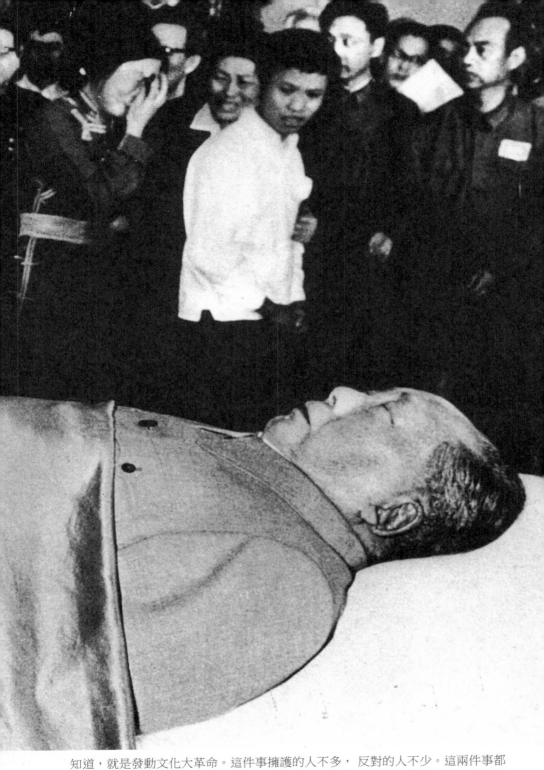

知道，就是發動文化大革命。這件事擁護的人不多，反對的人不少。這兩件事都
沒有完。這筆'遺產'得交給下一代。怎麼交？和平交不成就動盪中交，搞不好
就得'血雨腥風'了。你們怎麼辦？只有天知道。"

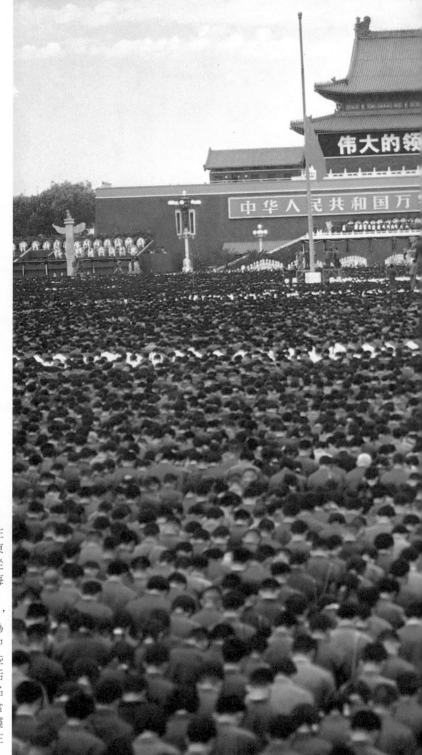

作者和出版者不詳
1976 年 9 月，中共在
天安門廣場為毛澤東
舉行國家的葬禮。從
北京到偏遠地區的每
個有人居住的角落，
都必須設靈堂祭奠毛，
據信至少有上萬人為
此痛哭到昏厥；但中
共始終拒絕公開那些
被活人食了屍體、活
人食了的活人們的名
字；在毛時代被人食
了的無以計數的亡靈
的墳墓，永遠矗立在
人類的胃裏。

294

作者和出版者不詳
終於上臺
毛死後，中共為了維繫它的威權的合法性，把毛發動的無產階級文化大革命造成的
浩劫推到黨的高級領導人、毛的打手王洪文、張春橋、江青、姚文元的身上，並稱
他們是"四人幫"反黨集團。江青，毛的妻子，在被審判時說："我是主席的一條狗。"

终于上台

姚文元

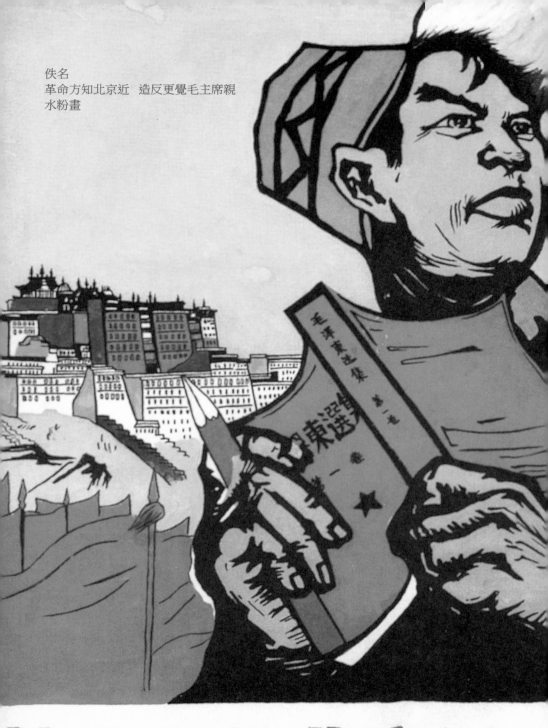

佚名
革命方知北京近 造反更覺毛主席親
水粉畫

革命方知北京近

杜鍵
在激流中前進
油畫　1963

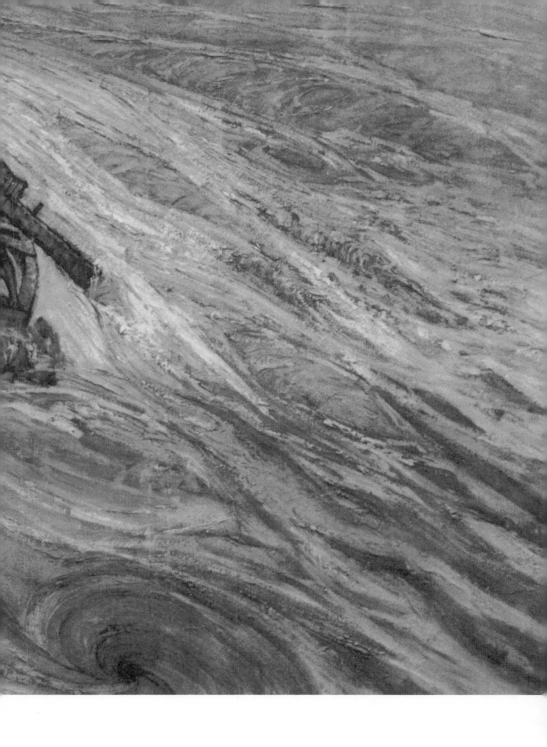

袁慶祿
軍民團結如一人　試看天下誰能敵
木版套色　1972

试看天下谁能敌

SHIKAN TIAN XIA SHEI NENG DI

沈堯伊
社會主義都在勝利地前進
水粉　1974

伟大的、光荣的、

作者和出版者不詳
偉大的、光榮的、正確的中國共產黨萬歲！
水粉

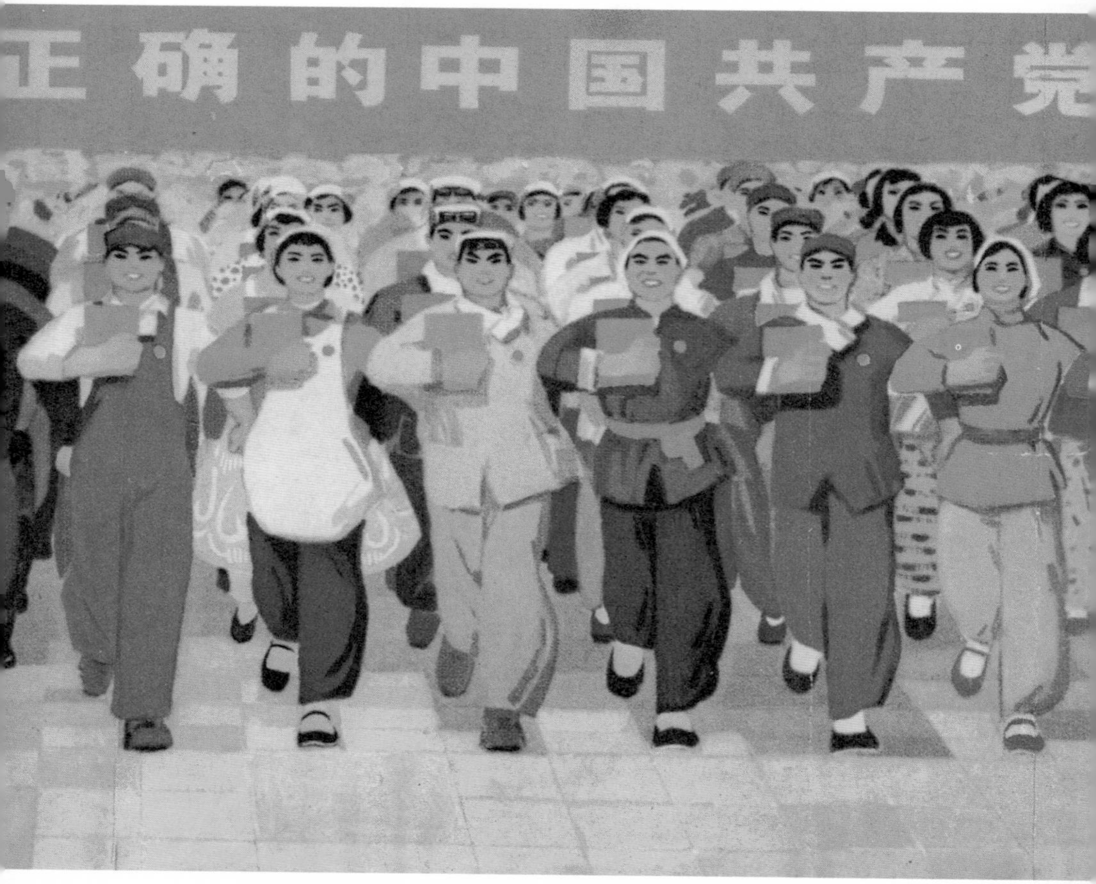
正确的中国共产党

311

陳光
鐮刀錘頭人
布面油畫 2010
所有死於共產主義中國暴政下的亡靈的頭頂都生長著一對隱形的鐮刀錘頭。鐮刀和
錘頭是農民和工人的標誌物。中共自稱是由農民和工人組成的政黨，將鐮刀和錘頭
作為中共黨旗的法定標誌物。數以千萬計的農民和工人死于毛澤東的人肉政權下。
中共從未向寂寂的亡靈們悔罪。

《真相》系列 (78)

書　　　名：毛澤東的人肉政權

作　　　者：杜 斌

出 版 人：何 頻

責任編輯：司馬哲

版式設計：吳 微

出　　　版：明鏡出版社

網　　　址：www.mirrorbooks.com

電子郵件：mirrorpublishing@yahoo.com

通訊地址：P. O. Box 795, Dear Park, NY 11729-0795, U.S.A.

電　　　話：(516)338-6976

國際統一書號：978-1-935981-82-4

定　　　價：HK159 NT499

版　　　次：2013 年 2 月第一版